讓孩子不只贏在起跑點的

非認知能力素養教育法

Non-Cognitive Skills

博克重子／著　王美娟／譯

前言
「非認知能力」教育的第一步就是相信孩子

身為日本人的我嫁給了美國老公，並在1998年秋天生下了女兒——絲凱（Skye Bork），當這本書的日文版出版時她就滿20歲了。時間一眨眼就過去了，但我也不禁覺得，女兒牙牙學語努力講著日語的幼兒時期，已經是許久以前的事了。

對生長在美國華盛頓特區的絲凱而言，她的母語當然就是英語。日常對話也都是使用英語，不過我實在很希望她能學會日語，因此從她出生以後就刻意用日語跟她說話。

可是，電視節目講的是英語，她與爸爸或朋友的對話也都是使用英語，因此日語進步得很慢。她會的詞彙當然也比同齡的日本孩童還少。因此，我偶爾也會感到焦急或是有些煩躁。

某天，我一如既往地用日語跟女兒對話。當時絲凱大約3歲吧。我問她玩某個遊戲要花多少時間，她想用日語回答卻講不出來，圓圓的臉蛋泛起淡淡的粉紅色，嘴裡支支吾吾。儘管內心有點焦慮，我仍然默默地看著她，結果下一刻她笑咪咪地說：

「1個Minute！」

「1個」加上「Minute（分鐘）」。絲凱本來想講「1分鐘」，但她不知道日語的「分鐘」怎麼說，因此以自己知道的日語詞彙「1個（代表『1』）」，結合英語的「Minute（分鐘）」，用這種方式告訴我答案。

從大人的角度來看，或許會覺得這沒什麼了不起。但實際上，這名3歲幼兒可是在短短幾秒內，動用腦中所有的「知識」與「資訊」，盡最大努力以邏輯來「解決問題」。

而且，對於不知道怎麼講的詞彙，她並非完全使用自己的母語英語，而是遵守當時我與她之間的規定（用日語對話時一定要講日語）來解決問題。我不禁覺得，不相信孩子的能力與可能性而感到煩躁的自己很丟臉。

除此之外，還曾發生過這種情況。某天我的法國籍女性朋友，帶著跟絲凱同齡的女兒來我家，當時絲凱似乎很想跟那個女孩子一起玩。絲凱先是很有精神地打招呼說：「Hello!」不過，那個女孩子沒有反應，於是絲凱改用日語說：「妳好！」

我與朋友忍不住相視而笑。對絲凱而言，這也是動用所有知識的「問題解決法之一」。如果講英語對方卻聽不懂的話，就改用其他語言試試看。可惜的是，那個女孩子聽到日語後依然沒有反應，接下來絲凱便執行「問題解決法之二」，嘗試用比手畫腳的方式來溝通，最後兩人終於開開心心地玩了起來。

這同樣是幼兒的日常生活當中，平凡無奇的情境之一吧。然而日後我才明白，從幼兒時期開始培養不依靠父母，自行解決問題的能力與堅強的心靈，對這個孩子的一生來說非常重要。此外我還學到一件很要緊的事，就是這種時候父母不要不耐煩，或是為了效率而迅速幫孩子解決問題，應該相信孩子，有耐心地等待。

並不是絲凱比較特別，大多數的孩子原本就具備「自行挑戰、解決問題的能力」與「堅強的心靈」的可能性。能否妥善引導孩子大大發揮這個能力，或是忽略了剛冒出頭的可能性，讓孩子變成沒有父母就什麼也解決不了、心靈容易受挫的人，跟家庭教育有很大的關係。

其實，曾經有段時期我覺得「養育孩子很困難」。我沒有自信當一名母親，也曾對女兒說出過分的話。不過，儘管在育兒這條路上跌跌撞撞、步履蹣跚，我依然保持耐心面對女兒，並且在美國遇見了令人驚訝的教育法與傑出的教育者，而我個人也因此有所成長。我在這段過程中注意到的，就是這本書的日文書名《非認知能力》。

當時美國的教育界人士已開始使用這個名詞，這是指不同於「考試成績」與「ＩＱ（智商）」這類能夠數值化的能力、綜合的個人素質。講得更白話一點，這不是看看教科書就能學習養成的能力，而是如「堅強的心靈」、「想像力」、「溝通能力」、「發現、解決問題的能力」、「行動力」、「恆毅力」、「忍耐力」等等，只能在實際生活中學到的「生存能力」。

能夠以考試成績或ＩＱ等數值表現的能力稱為「認知能力（Cognitive Skill）」，而上述這類基本的個人素質是無法用數值表現的能力，因此稱為「非認知能力（Non-cognitive Skill）」。

幸運的是，日本２０２０年的教育改革方針指出，將投注心力於發展這種能力，因此未來的教育方法受到多方面的矚目。

最近也有不少教育者指出，日本國力衰退的原因在於，日本的教育「偏重學力」，不重視人文教育。由於這個緣故，日本才會被國際貼上「在先進國家當中很罕見的、不培養創業家的國家」這個不怎麼光采的標籤。

不過，這股教育改革的風潮，終於吹到我所愛的日本了！

當然，美國也並非全是優點。相信各位都知道，美國的社會問題堆積如山。不過，在建構培養「非認知能力」的系統這點上，美國無疑是領先全球的國家。

1990年代以前的美國就跟現在的日本一樣，盛行「偏重學力」主義。結果導致徵才的企業哀鴻遍野，紛紛抱怨「畢業於明星大學的社會新鮮人，全都是一樣的面孔！講的話也都一樣，簡直就是照本宣科。這個國家難道沒有具備個人特色、充滿個人魅力的年輕人嗎？」、「難道就沒有像史蒂夫・賈伯斯那樣的奇人嗎？再這樣下去國家就要滅亡了！」。

換句話說，更早之前美國就發生過，日本目前所面臨到的問題。於是，美國的教育界果斷地捨棄對學力的偏重，轉了個大方向，致力於建構培養「非認知能力」的系統。

正好就在這股風潮掀起不久後，我便於華盛頓特區展開了養育絲凱的任務。我將在這本書中，盡量詳細說明家庭如何幫助孩子培養這個能力。

如今養育絲凱的任務差不多要結束了，經營當代藝術館的工作也得到了令人滿意的結果，年過五十的我目前正在挑戰全然不同的工作。「生活教練」就是我現階段的新頭銜。

日本人或許還不太認識這個職業，不過在美國生活教練是很熱門的工作，知名政治家與當紅音樂人都有自己的「教練」。

在運動界，擁有教練是很正常的對吧？生活教練也是一樣，就算是平凡普通的生活，也能在他們的協助下每天過得更加幸福且充實。

教練的工作就是提出各種問題，藉此幫助客戶瞭解自己、忠於自己，將自己的心可視化，帶著自信往前邁進。我認為這是一份協助他人規劃人生或職涯、展望「未來」的美好工作。立場就跟陪著馬拉松選手一起跑的跑步教練一樣吧。

從事這份工作時，「非認知能力」同樣是一個重大的關鍵字。教練的工作，大部分是在激發客戶本身的「非認知能力」，在一旁陪著客戶培養這個能力。不光是孩子，任何年齡層的人只要富有「非認知能力」，就能過得非常幸福。反之，無法轉換想法、思維僵化又固執的人，大多沒受過培養「非認知能力」的教育。我也曾經是這樣的人。當時我的「非認知能力」還在發展當中，距離幸福以及屬於自己的人生十分遙遠。

「非認知能力」也改變了我自己的人生。

我就先從剛在美國育兒那時發生的「震撼的邂逅」講起吧！

CONTENTS

第1章

何謂非認知能力

無法用數字表現、豐富的「個人素質」與「生存能力」

震撼的邂逅

「這裡真的是學校嗎？」

這是我造訪某個地方時，忍不住脫口而出的一句話。

當時我去參觀一所初等學校，學生的年紀介於日本的幼稚園生到小學三年級生。在這所學校裡，老師們並不會下達什麼指示，而是讓孩子們隨心所欲、自由自在地玩耍。

不，仔細觀察會發現，他們並不是隨意地「玩耍」。有的孩子正開心地用手指算數，有的孩子則趴在教室的地上看書，還有孩子正對著疑似老師的大人說明什麼事情。原以為只有這樣而已，沒想到之後全班的學生又聚在一起，坐下來認真思考自己要遵守的規則，互相表達意見後做出決定。即便是年僅4歲的孩子，也會勇敢地表達自己的意見。

每個人坐在自己的課桌前，安靜地聽老師說話——我在日本體驗過的、幼稚園與小學常見的景象，在這裡竟然完全看不到。

如同「前言」的介紹，我在女兒的幼兒時期，發現她有一點點「自行挑戰、解決問題的能力」，因此想要提升自家孩子的這項能力。

本來女兒出生時，我就打從心底這麼期望：

「希望這個孩子能夠活出自我。我要把她培養成一個，任何時候都能靠自己開拓人生、擁有堅強心靈的人。」

因此，當女兒還是個小嬰兒時我就讓她體驗各種事物。從她還不會說話的時期我就經常對她講話、陪她玩各種玩具、幾乎每天都會帶她出門到公園的草地上走走……女兒到了該上幼稚園的年紀時，我在華盛頓特區到處奔走，參觀了7間幼稚園與學校。結果，我在其中一間初等學校「波瓦爾學校（Beauvoir, The National Cathedral Elementary School）」，看到了前所未見的景象。

這間波瓦爾學校，在孩子4、5歲時就要求他們自己動腦思考，當眾發表自己的意見，並且靠自己解決問題。在培養擁有堅強「心靈」的孩子這項教育方針下，學校尊重孩子的個性，把焦點放在激發自行思考的能力上。這間學校的孩子，無論面對老師還是朋友、無論跟誰交流意見都不會害怕，能夠從容不迫地表達意見，並且認同彼此的存在。

令人印象最深刻的是，孩子們朝氣蓬勃盡情玩耍的模樣。

這間學校即使在孩子到了上小學的年紀以後，依然不使用教科書，也完全不出功課。

他們的教育方式並非由老師單方面授課，而是示範給孩子看，讓孩子親自去體驗、互相討論，透過這種方式發現方法或答案。孩子們則花時間慢慢學習「自己動腦思考、解決問題的手法」。

孩子們在校的模樣，一點也不像是來上課的，感覺就像是來玩的。

後來，我也參觀了同個系列的高中（小學四年級到高中這個階段，分成男校與女校），整體的氣氛頗為悠閒自在，學生全都面帶笑容，讓我留下深刻的印象。校內並無霸凌或喝酒的問題，即使升上高中三年級，放學後學生們依然熱中於運動，直到畢業為止。此外，學生們也非常積極參與社會貢獻活動。

不僅如此，這間高中在學業方面也是美國頂尖的水準。

這究竟是怎麼回事呢？直到小學三年級為止都沒有教科書與功課，接受的是跟英才教育完全相反的初等教育，但這些孩子高中畢業後都進入全美頂尖的大學。之後逐漸成為一個貢獻社會、擁有遠大志向的成年人。

我就是在這個時候第一次見到培養「非認知能力」的教育。

後來，我向這間學校的老師們打聽資訊，自己也調查了各種研究結果，最後確信培養「非認知能力」的教育，正是我所追求的「全世界最棒的育兒法」。

講求「非認知能力」的「全美最優秀女高中生」選拔賽

女兒18歲那年，也就是2017年7月，發生了一件改變我們家生活的大事：絲凱在「全美最優秀女高中生（Distinguished Young Women）」選拔賽中奪冠，因而獲得電視、廣播、報紙、雜誌等眾多媒體的介紹。這場選拔賽會頒發大學獎學金給冠軍，全美國的女高中生在這裡以知性、才能、領導力等各種能力一較高下。在以高中生為對象的競賽當中，這是最光榮的獎項之一，每年都會掀起熱烈討論。

這場選拔賽已有60年的歷史，華盛頓特區代表的出場次數至今只有寥寥幾次，亞裔學生奪冠的次數更是只有3次而已。絲凱能夠奪冠可說是難得一見的情況，所以才會受到許多人的關注吧。

但令我驚訝的是，不光是女兒本身，就連我都有許多媒體前來採訪。此外，大家也一再問我：「妳是如何養育女兒的呢？」每次聽到這個問題我便深刻感受到，養育孩子對父母來說有多麼辛苦困難，以及有多少父母每天都在尋求「正確答案」。

在眾多的諮詢與詢問當中，也有人提出這樣的問題：

「應該在哪個時期，讓孩子學多少東西比較好呢？」

在日本也常有人問我這個問題，但是很遺憾，我沒辦法回答這個問題。因為我採取的是，跟這個問題完全相反的做法。

打從幼兒時期起，我就不對女兒實施填鴨式教育，完全不教她讀寫與計算。就連進入波瓦爾學校後，我一樣不曾叫女兒去念書，也沒要求她背九九乘法表或練習算數，更不曾禁止她看電視或打電動。

到了青少年時期，我也不曾針對女兒的未來出路，提供「這麼做比較好吧？」之類的建議。就讀哥倫比亞大學這件事，也是女兒不知何時自己做出的決定。

而且女兒是在打算報考哥倫比亞大學時，發現學費貴得嚇人，為了補貼學費，才決定挑戰「全美最優秀女高中生」選拔賽。

我唯一留心的事，就是不斷提升女兒的「生存能力」。我希望女兒能夠靠自己的力量開拓自己的人生，活得幸福、活出自我、活得悠然自得。我認為，支援孩子培養生存所需的能力是父母的任務。

因此，了解波瓦爾實施的教育後，我深深覺得那裡正是最適合女兒的環境。

赫克曼教授劃時代的幼兒教育研究

無論是「全美最優秀女高中生」選拔賽，還是常春藤盟校等全美頂尖大學的入學考試，其審查標準都是要求學生具備「靠自己面對並解決沒有正確答案的問題之能力」。也就是必須具備自主性、靈活性、想像力、自制力、自我肯定感、自信、回復力、恆毅力、社會性、協作力、共感力等等。這些都是不同於傳統「學力」的能力。

這些能力合稱為「非認知能力」。如今美國最重視的孩童能力不是「學力」，而是人類的基本能力，也就是這個「非認知能力」。

促使「非認知能力」受到矚目的起因，是曾在2000年獲得諾貝爾經濟學獎、任職於芝加哥大學的詹姆士·赫克曼（James Heckman）教授所進行的幼兒教育研究。

這項研究是比較受過學齡前幼兒教育的孩子，以及沒有受過任何學前教育的孩子，結果發現兩者的高中畢業率、平均所得、生活保障金領取率、犯罪率等等有很大的差距。

赫克曼教授長期追蹤調查這些研究對象，然後比較40歲時的情況，結果發現受過學前教育的人，高中畢業的比率比沒受過學前教育的人高出20%，遭逮捕紀錄超過5次的比率比後者低19%。另外，月收入超過2000美元的比率為後者的4倍左右，擁有自住房屋的比率也大約是後者的3倍。

這項研究顯示，幼年時期的教育也為學力以外的方面帶來良好影響，能將人生引導至好的方向。可見學前教育有多麼重要。

不過，更重要的是接下來的內容。

研究結果發現，嬰幼兒時期的早期教育，就算加強學習層面，也只能短期提高IQ數值，無法長期提高智商。而受過學前教育的孩子提升最多的，反倒是學習意願、戰勝誘惑的自制力、遇到難題時的耐心與毅力等「非認知能力」。

此外，赫克曼教授也指出，對實際的社會生活而言，這種「非認知能力」比IQ更加重要。

換言之，幼兒時期與其實施填鴨式教育提升學力，更應該培養「非認知能力」

的基礎，奠定充滿魅力的人品根基。

「非認知能力」包含了各種良好的個人素質，例如：自我肯定感、自制力、社會性、好奇心、想像力、共感力、自主性、靈活性、回復力、恆毅力等等。這些能力對將來的年收入、學歷、職歷等都有很大的影響，是成功所不可或缺的重要因素。

各項研究結果也顯示，10歲以前的嬰幼兒時期最能提升「非認知能力」，這個時期應重點培養這項能力。

只要提升「非認知能力」，學力也會提高

教育4歲到9歲孩童的波瓦爾學校，正是盡可能將這個時期花費在「非認知能力」的培養上。眾多研究皆證明，只要提升這項能力，不僅能提高學力，班級氣氛也會好轉，孩子的精神狀態穩定下來後，霸凌的情況也會變少。除此之外，還有提高孩子的學習意願及社會參與意識等等各種效果。

只要能夠提升「非認知能力」，學力自然也會隨之提高。

自制力、想像力、自我肯定感、自主性等非認知能力很高的話，即便是不想做

事的時候，孩子也會思考自己該做什麼並自動自發地參與。

再者，擁有自我肯定感與自信的話，就算考試成績有些不理想，孩子也不會沮喪，能夠樂觀積極地安慰自己再接再厲，此外也不會在意自己與別人的差異，能夠全心全意地追求自己喜歡的事物。人在做自己喜歡做的事時自然會露出笑容，心中充滿正面思維，幸福度與滿足度也都會增加。

另外，就算遇到困難的問題，也有恆毅力與回復力支持著孩子，孩子能夠運用想像力、邏輯思維、問題解決力等等有彈性地解決問題。之後再挑戰更難的問題，如此一來學力就會愈來愈進步。

具備這種能力的孩子，當然不可能不知道如何準備考試吧。

「非認知能力」無法用數值表現，因此無法測量，不過波瓦爾與系列學校的學生，可以說證明了這項能力有助於提升學力吧。

舉例來說，SAT（學術水準測驗考試）滿分是2400分，女兒同學的平均分數為2110分。在美國的公立學校當中，這個分數比名列前茅的麻州平均分數高了將近600分。而且畢業生大多進入哈佛、史丹佛、哥倫比亞、耶魯等全美前二十大大學就讀。

我從來不曾對女兒說過「快去念書」這種話，但女兒受過著重於培養非認知能力的教育，她明白自己該做什麼事，總是自動自發地念書。由於這個緣故，她也能擁有充足的睡眠。雖然稱不上書呆子，不過女兒的SAT分數將近滿分，高中4年的成績也只有1次沒拿到全A。

此外，女兒也全心全意地投入她最愛的芭蕾舞。芭蕾舞是個相當嚴酷的領域，有時在一旁看著都會忍不住心疼女兒，幸好女兒早就練出一顆堅強的心，不管遭遇什麼樣的阻礙，她都會面對問題，靠自己振作起來。女兒能夠自然而然培養出極高的問題解決能力與堅強的精神，我認為大部分要歸功於提升「非認知能力」的教育。

沒有正確答案的時代所講求的東西

為什麼現在「非認知能力」受到如此大的關注呢？

這與時代的變化有著密切關係。

目前AI的開發持續進展，世界也隨之愈來愈多樣化、複雜化。如今只要使用網路與電腦，就能夠在一瞬間取得全世界的知識。

這類科技的進化，不只催生出從前不可能存在的工作，某些職業的工作也將被電腦取而代之。野村綜合研究所的研究指出，目前日本勞動人口49％左右的人從事的職業，大約20年後就會被ＡＩ所取代。

會被進化的ＡＩ搶走工作的人，不只收銀員與司機而已。就連會計或財務專家、記者、交易員、基金經理人、醫師等工作，也都早有運用ＡＩ的案例。

那麼，什麼是只有人類才做得了的工作呢？我認為，若想讓自己僅此一次的人生過得幸福，我們有必要好好地思考這個問題。

美國跟日本的教育有好幾個不同之處，例如女兒就讀國中時，數學考試居然能夠攜帶計算機，這件事頗令我吃驚。若是著重計算的題目，當然還是得靠自己計算，不過較難解的應用題，計算的部分就使用計算機，頭腦與時間則用來解決更需要發揮創造性的問題上，這種思維在美國是為主流。大學入學條件之一的ＳＡＴ，同樣允許使用計算機來解一部分的數學題目。

第一次聽到這件事時我也很驚訝，但仔細想想這或許也是理所當然的。畢竟現在，我們大人也會在各種情況下使用計算機或電腦。即使拚命訓練栽培出計算速度飛快的人，將來也只會被電腦取代吧。其實只要懂得基礎的計算就夠了，應該把心力花在提升解決更複雜的問題之能力上。題外話，在電腦問世之前，計算速度飛快的人就稱為「Computer（計算者）」。如今這份工作已完全被機械所取代了。

不斷變動的人物評價標準

美國的大學為了解決人種歧視的相關問題，自1960年代起導入肯定性行動（Affirmative Action，消除社會上的歧視之活動；救濟弱者的措施），向各個人種敞開大門。之後，本來只收男學生的大學也開始招收女學生。但是，即便人種或性別有所不同，由於入學方法重視分數，學校招收到的都是能夠做好充足的應考準備、經濟環境相同的孩子，或是學力優秀的孩子，這種現象逐漸被視為問題。

近年來日本也出現類似情況，例如就讀東京大學的學生家庭年收入比平均高出許多。

觀察東大生的家庭年收入會發現，超過950萬日圓的家庭就占了半數以上（54・8％），一般而言，這個層級的家庭只占整體的22・0％而已。

不過，如果招收到的都是環境跟自己差不多的學生，不僅視野會變得狹隘，也很難培養與他人共享情感的共感力與想像力吧。此外，也看不到學力以外的各種才能，無法收到互相刺激的效果。

如同上述，倘若學生的家庭環境或能力都是一樣的，即便推行人種與性別的多樣化，國家也繁榮不起來。美國便是出於這股危機感，自1990年代起許多大學與企業紛紛改採「全面分析（Holistic Approach）」，不再只看考試分數，而是從經濟背景、特殊技能、社會貢獻、各種經驗等所有角度來評價一個人。

換句話說，就是開始推行人才的多樣化，尋求不只會念書，還能透過各種形式為社會的發展、為世界做出貢獻的人才。因此，目前有將近300間大學表示，參加入學考試時不必提出SAT之類的共同考試成績，從整體來看，精英學校大多只把共同考試成績當作其中一項參考。現階段全球化社會的人物評價標準，已不再以分數為主了。

「熱中念書」的日本父母

反觀日本又是如何呢？赫克曼教授當初發表這項研究時，提到了非認知能力的重要性，但依然有很多父母希望孩子接受幼兒時期的早期教育。

近年還掀起了「第二次早期教育熱潮」，除了幼稚園之外，也有愈來愈多的托兒所將幼兒教育排入課程當中。某些幼稚園為了協助孩子做好私立小學的「應考準備」，實施了文字讀寫、加法、減法、英語教育等等，有的甚至還會練習面試。

另外，巧連智教育綜合研究所於2017年3月進行的家長意識調查指出，希望自家孩子多念書，少從事運動或藝術活動的家長比例超過4成，跟8年前的調查結果相比增加了1成以上。

少子化使得家長把更多的心思放在獨生子女身上這點應該也有影響吧，不過這項調查顯示出，由於經濟長期不景氣，「未來不知會如何」這股不安導致重視學歷的傾向愈來愈嚴重。而且，時期似乎變得更早了。

基礎知識當然是不可或缺的，我並沒有否定這類早期教育的意思。畢竟各式各樣的知識與技能是思考力的根基，況且放眼全球，日本人的學力確實名列前茅。

但是，早期教育的重點應該是「為了什麼而學習」吧？

我認為，如果是孩子本身感興趣而自動自發學習的話，這是一件非常棒的事。假如孩子有著拓展世界之類的目的，好比說「如果能靠自己看懂這本書的話會很高興」、「想要快點寫信給別人」、「如果會講英語，就能跟其他國家的人對話了，真開心」等等，當目的實現的時候，孩子能得到很大的成就感與自信吧。自我肯定感也會提升。

反之，假如只是為了準備小學的入學考試才學習，結果會怎麼樣呢？孩子總是渴望得到父母的關愛，因此有些孩子會為了討父母歡心而設法努力吧。題外話，曾經有個小男孩為了準備幼稚園的入學考試而上補習班，他的爸爸如此表示：「我老婆很熱中於考試，兒子為了讓媽媽高興而在補習班努力念書，一想到萬一全都沒考上時兒子會有什麼反應，我就擔心得不得了。」

我覺得，如果明白自己是為了什麼而學習、如果找到錄取以外的「意義」，不管最後有沒有考上，這個小男孩一定能從結果當中獲得滿足感吧。

父母為孩子鋪好人生道路，或許能將孩子養成忠實執行父母的要求、順從聽話的「好孩子」。但是，如果孩子從幼年時期就壓抑自己真正的想法，總是看父母的臉色，以實現他們的願望為優先的話，就會減少培養自我肯定感、自主性、靈活性、回復力、恆毅力等能力的機會。

這樣的孩子在進入青春期，面臨阻擋在眼前的大問題時，或者是出了社會以後，他能夠靠自己的力量解決問題克服障礙嗎？他能夠擁有不會受挫的堅強心靈嗎？

我認為，正因為現在是個不知會如何改變的時代，孩子更要具備堅強的精神。也就是成為一個在任何時代或狀況下都能臨機應變的孩子。

今日的工作，說不定到了明天就會被機械取代。假如孩子只知道考試會出的知識，他要如何因應這個變化呢？

不輕易受挫、柔軟有彈性的心靈，以及面對任何逆境都能夠振作起來的回復力，這兩者合稱為「韌性（Resilience）」，是教育界也相當關注的非認知能力之一。擁有這種能力的孩子，應該更不畏懼變化與逆境，而且能夠踏上真正屬於自己的幸福人生。

可在家裡提升的「非認知能力」

在波瓦爾學校接觸到「非認知能力」的我，後來也自行調查了各種教育研究，並且應用在育兒上，融入每日的習慣當中。

本書要具體介紹的是，為了提升生存所不可或缺的「非認知能力」，我們能夠在家裡做到的事。其中，我特別投注心力於以下3件事。

1 制定家庭規則（教導孩子社會存在著規則，並且要孩子遵守規則）
2 豐富的對話與溝通（培養表達能力與自信）
3 讓孩子盡情玩耍（透過玩耍提升問題解決能力）

我想這些都是每個家庭都在做的、非常稀鬆平常的事。

不過，這3件事富含對孩子的成長至關重要的元素。

尤其幼兒時期的孩子，都是透過日常生活與遊戲讓身心大幅成長。關於這個部分，我將從第2章起依序為大家詳細介紹。

另外，父母在養育孩子的時候，有許多重點需要留意，像我們家就時時注意以下4點。

1　弄清楚育兒的目的

在我們家，每當要做某件事時，一定會弄清楚「為了什麼而做」。

其中最重要的事，就是弄清楚育兒的目的。我的育兒終極目的是「支援我的孩子，使她能夠自立並且過得幸福」，而不是讓孩子進入好學校，或是提高孩子的學力偏差值。請問你出社會以後，有人問過你「大考學測考幾分、學力偏差值多少」嗎？這些在正式開始的人生當中都是無關緊要的事物。

我認為，時常質問自己「現在做的事真是為了孩子著想嗎？」、「難道不是為了父母的期望或虛榮心嗎？」是很重要的。此外，為避免孩子陷入混亂，我們夫妻會先充分討論，然後共同遵守這項基本方針。

2　打造孩子能夠放心挑戰的「安全環境」

父母應打造能讓孩子挑戰任何事物、能夠不斷重來的安全環境，這點很重要。

打造安全環境即是維護孩子的「心靈安全」。自己可以待在這裡、自己在這裡是被需要的、自己是被愛的、有話直說也不會遭到批評……能有這種感受的場所，以及會讓人由衷感到快樂的場所是不可或缺的。

只有在這樣的環境下，孩子才能放心地說出自己的想法，也不會想要變成某個人；不怕失敗，有勇氣挑戰事物；不會為了讓自己的存在獲得肯定，而大呼小叫或低聲下氣，能夠維持自己的本色。

安全環境不可缺少以下三大主幹。

①「肯定孩子的存在」

②「肯定孩子的個性（把孩子視為不同於自己的一個人，予以尊重）」

③「重視『讓孩子快樂』的環境」

孩子若有時時都能感受到「關愛」、可以放心回去的地方，便能提高孩子的韌性。即使在外面發生了什麼問題，也能夠靠自己解決問題，或是與父母商量找出解決辦法，然後養精蓄銳面對明天的挑戰。

我總是告訴女兒：「不管什麼時候，媽媽都會保護妳和爸爸喔！」然後，透過抱緊女兒、牽女兒的手、對女兒展露笑容等行為與態度，來表達無法言說的心意。

另外，我們家規定全家人至少一天要一起吃一頓飯。這段溝通時光是無可取代的。在我的娘家，由於媽媽經營補習班，早餐與晚餐我們都是各自解決，不過每天晚上10點全家人都會聚在一起喝茶聊天。對小時候的我而言，光是這樣就足以感受到父母對自己的愛。

光是看到全家人的面容，聽到全家人的聲音，孩子就能感到安心，並且提高自我肯定感。

此外，女兒的生日與紀念日當然不能忘記，還要盛大地慶祝。

家庭是社會當中最小的共同體。準備一個讓人安心、能夠暢所欲言的環境，可以培養孩子進入更大的共同體時需要的自我肯定感、自信、回復力以及勇氣。

3　不辭辛勞盡可能將孩子擁有的能力激發出來

重點不是花錢，而是付出勞力。

常跟孩子講話、陪孩子玩耍，都是不用花錢且隨時都能實行的事。孩子年紀愈小效果愈好，不過就算從小學開始也不算太晚。

最重要的是，父母不要把自己的想法或期望強加在孩子身上，應正面肯定自己的孩子。如此一來，孩子便會擁有自信，懂得自行思考，敢說出自己的想法，靠自己的力量付諸實行。

另外，平常就要注意孩子，仔細觀察孩子，這點也很重要。

父母的任務是提供協助，將孩子的熱情（Passion＝喜歡、擅長、拿手）引導至目的地（＝當事人獨有的優勢）。若要激發出孩子的熱情，重點就是父母得不辭辛勞地讓孩子不斷挑戰。

4 接受與肯定自己及孩子的真實樣貌

當你能夠接受真實的自己時，自我肯定感便會油然而生。只要能夠接受自己，幸福度與滿足度都會上升。一個人若是缺乏自我肯定感，就很難感到幸福。畢竟連自己都不喜歡自己了，當然不可能感到幸福吧？如果沒辦法連同弱點一起接受真實的自己，就會拿自己跟別人比較，導致內心總是消極又悲觀吧。這樣一來絕對不會產生自我肯定感與自信。

對育兒而言，父母本身，尤其母親是否幸福也是很重要的一點。因為，在養育孩子方面母親的影響頗巨。如果母親缺乏自信、迷失自我或是不幸，這種態度也會

「傳染」給孩子。另外，無法肯定自己的父母，同樣無法去愛孩子的真實樣貌，因為他們總是會強求得不到的東西，動不動就和別人比較。

我在日本舉辦演講或講座時，也曾遇到幾名自稱沒有自信的媽媽。看著她們向我傾訴不安的模樣，感覺就好像看到了從前的自己，所以我非常能夠感同身受。因為之前有段時間，我也跟她們一樣缺乏自信、迷失自我。當時，我覺得自己很沒用，不怎麼喜歡自己。

可是，自己的這種態度會「傳染」，我心想「為了孩子著想，不能再這樣下去」，於是重新調整心態，先努力接受真實的自己。詳情我將在第5章介紹，總之自我肯定感等非認知能力低得嚇人的我，坦率地正視包含缺點在內的自己，接受真實的自己，並且發掘出熱情，這才讓人生有了一百八十度的轉變。

舉例來說，請大家想像一下高麗菜心。

高麗菜是由眾多葉片交疊而成，因此看不見中間的菜心。大人也是一樣，許多的私見、常識、刻板印象等等，會隨著成長與經歷逐漸覆蓋住心靈。由於內心充斥著「我鐵定沒辦法」、「這麼做應該會比較好」……諸如此類的想法，最後連自己的夢想與熱情都看不到了。

我認為育兒時必須將這些葉片逐一剝下，正視自己與孩子的真實樣貌。目前我從事生活教練的工作，偶爾也會指導有育兒煩惱的媽媽。調整母親心態的方法，也是我花了很長的時間摸索構思出來的。關於這個部分，我將在第5章以後為大家介紹。

擁有堅強的「心靈」，就能改變人生

現在的世界有著各式各樣、堆積如山的問題。當中也有不少前所未見的問題，以及無法單靠一國之力解決的問題。這樣的時代，需要諸多國家攜手合作，以獲取更大的利益為前提來解決問題。

這種時代尋求的是，擁有國際觀點、能與各式各樣的人合作、能積極樂觀地處理問題、真正的全球化人才。全球化社會的教育，早已將重點從分數轉移到個人素質的培養上。

如同前述，日本的大學也逐漸將教育重心，從學力轉移到個人素質上。愈來愈多的大學，從過去只看學力的入學考試，改為採取面試或小論文等方式，根據多方面的評價招收各式各樣的人才。

另外，據說自2020年度起，國公立大學的入學考試內容將有重大變革。除了知識外，也將更加重視「思考力、判斷力、表達力」，此外相關單位也在重新檢討目前大考學測採用的畫卡作答方式。由此可見，「非認知能力」在日本也將成為愈來愈不可或缺的能力。

與其死背知識，還不如先強化「心靈」。

只要鍛鍊「非認知能力」，成為「擁有堅強心靈的孩子」，就能相信自己勇於挑戰。這個孩子的人生能夠形成一個正面的循環。

再強調一次，孩子的「非認知能力」也能在家裡提升。

不，正因為這關乎孩子的根基，家庭生活十分重要。父母只要稍微改變一下心態，就能夠激發出孩子原本具備的能力。

況且，「非認知能力」也會影響學力。那些鍛鍊過「非認知能力」的孩子，儘管當初的目的並非進入好大學，但他們最後都就讀頂尖大學。這是因為，他們都具備了解決問題克服難關的能力。

我想在第2章至第6章分章說明，自己在育兒及擔任生活教練時發現的、對培養「非認知能力」而言非常關鍵的5件事。對於日本2020年教育改革後的育兒任務而言，這應該會是相當重要的知識，此外我也相信，這個知識能讓養育孩子的媽媽們獲得幸福。

第1章重點

- 目前已知，學齡前的幼兒教育，可提升孩子的學力與IQ。
- 但是，對IQ與學力等可用數值表示的認知能力而言只有短期效果。
- 學齡前的幼兒教育，能夠長期且大幅度改善的，其實是自制力、社會性、溝通能力、回復力、創造性等「非認知能力」。
- 提升非認知能力，也會對學歷、年收入、求職等方面造成很大的影響。
- 最能提升非認知能力的時期是0歲～10歲。
- 在AI能夠完成許多工作的時代，需要的是想像力與問題解決力。

第2章

制定規則

提升自立精神與自制力的機制

「制定規則」為什麼很重要？

如同上一章所述，我們家為了提升孩子的「非認知能力」，特別重視「制定家庭規則」、「對話」、「玩耍」這3件事。

孩子的「非認知能力」是透過日常生活，以及溝通之類每日的各種行為培養而成，而奠定基礎的就是「遵守規則」這件事。

若想提高孩子的自我肯定感、讓他擁有自信，重點就是要讓他自由地發想、自由地發表意見、讓他去做想做的事。

不過，我的意思並不是凡事都讓孩子隨心所欲、為所欲為。在這種欠缺紀律的狀態下教養出來的孩子，不僅自私、缺乏同理心又容易衝動。如果不提升社會性、自制力與責任感，孩子就成了一隻只會任性妄為的「惹麻煩的出頭鳥」。讓孩子成為具備社會性，能夠理解並遵守規則的「受到喜愛的出頭鳥」，是一件很重要的事。

孩子無時無刻都在試探父母，確認自己能做到什麼程度、容許的範圍有多大。因此，設定明確的「界線」，能讓孩子得知「自己可以做到這個程度」而感到安心。

如果不知道這條「界線」，孩子就不曉得自己可以做到什麼程度。他會擔心做了這件事會不會挨罵，或者完全不聽父母的話，總之就是不知道自己該走哪一條道路。懷著這種不安的心情，孩子當然無法擁有自信。

或許有人覺得，規則是用來束縛人的，寬容則是用來解放人的，但其實在某個意義上，規則也有可能讓人更加自由解放。

女兒就讀的學校也是讓全班學生互相討論，根據波瓦爾的「生活規範」訂立自己該做的事、不該做的事等規則。學生們各自發表自己想成為什麼樣的人、希望自己做得到什麼事，然後全班一起討論該訂立什麼樣的規則才能實現這些目標。

自行制定規則，孩子便會對「自己決定的事」產生責任感吧。如果自己與大家都能遵守規則，也能夠培養出自信。之後孩子就能在規則之下，帶著自信自由自在地盡情行動。

3歲以前掌控自制力的前額葉皮質尚不發達，因此要孩子忍耐並不容易，父母需要告訴孩子該做什麼事，並且示範給孩子看。

不過，4歲以後，只要大人好好說明孩子就會逐漸理解規則。像我們家也是等孩子就讀幼稚園一段時間後才制定規則。

如何制定有效的家庭規則

若想制定規則並讓孩子遵守，大人需要花一點心思。

首先，①**不要訂立太多的規則**。因為，老是遭到禁止、遭到責罵的話，也會降低自我肯定感。更何況，規則若是太多，孩子也會覺得煩而造成反效果。

所以，不要凡事都用規則束縛孩子，只要劃分對家人而言「真正重要的事」與「不怎麼重要的事」就好。我們家要求孩子一定要遵守重要的事，至於不怎麼重要的事則讓孩子自己看著辦，大人不會去責罵她。

另外，②**規則的內容要符合孩子的年紀**，這點也很重要。大人要訂立適合這個孩子的年紀與理解力的規則喔！

最後最重要的就是，③**要讓孩子參與討論一起訂立規則**。親子應一起思考並做出決定，而不是父母單方面訂出規則後強迫孩子遵守。父母與孩子必須思考，對家人而言什麼是重要的事、自己能為家人做什麼、彼此想成為什麼樣的家人。

當孩子有了「這是自己制定的」這種自覺後，自然就會萌生想要遵守規則的念頭。等孩子4歲左右，應該就能參與這種討論了。

除此之外，這也能讓孩子自覺到「自己也是這個家的一分子」。有調查結果顯示，如果孩子有著身為家庭一員的自覺，而且會為了家人做自己辦得到的事，他的自我肯定感當然也不低。

我們家的3種規則

接著就來說明我們家制定規則的方法吧！我們家訂立的規則分成三大類，分別是「基本規則」、「Do規則」、「Don't規則」。

我們家的基本規則

基本規則是關於「這個家應有的樣子」的基本規定，也就是無論何時、無論身在何處、無論跟誰在一起都該遵守的原則。

我們先討論「想建立什麼樣的家庭」，然後思考實現這個目標所需的規則。我們把對家人而言真正重要的事濃縮成以下4點，當作基本的規則。

- Polite（無論何時都要有禮貌）
- Honest（活得誠實正直）
- Autonomy（自主性：自己做得到的事就自己動手）
- Community（成為須負責任的家庭一員）

如果列出太多條，就會搞不清楚什麼才是真正對家人很重要的事，所以只要設定3～4條就夠了。

這是無論孩子幾歲都不會改變的家庭原則。

請務必讓孩子參與家庭會議，全家人一起思考看看。

Do規則

Do規則是依據孩子的年紀制定的「該做的事」清單。根據家庭的基本規則，想一想孩子該做什麼事才能遵守那些規則。

這種規則同樣不要訂得太細或太多，否則孩子會感到厭煩。畢竟連監督孩子的父母都很難全部遵守，Do規則最好不要超過10條。

重要的是，應配合孩子的理解力，親子一起思考及訂立孩子辦得到的事。

舉例來說，我們家在女兒就讀幼稚園時訂出以下4條規則。

○早上一定要說「早安」，晚上一定要說「晚安」

○晚餐要跟全家人一起吃

○晚餐時間要幫忙擺餐墊

○自己綁鞋帶

打招呼是生活當中最基本的行為。對每個家庭來說這應該是很稀鬆平常的事，不過大家在打招呼時，都會認真地看著對方的面孔嗎？把這件事列入規則，可以讓孩子明白「打招呼是很重要的行為」。

女兒上小學後，除了前述4條規定外，我們又新增了以下3條規則。

○用餐之前，先幫全家人擺好餐具

○自己準備上學要帶的東西

○星期日幫全家人做早餐

自從女兒上小學後，準備星期日的早餐就變成她的工作了。不過，畢竟女兒還只是個小學生，讓她使用瓦斯與火的話太危險了。因此，我請女兒製作無須用火的早餐。例如：三明治、沙拉、水果拼盤等等，都是女兒可以發揮巧思製作的早餐。製作早餐也能培養孩子的想像力，以及擬定並執行行動計畫做出結果的能力。

女兒上國中後，我們又增加了以下的規則。

○自己縫芭蕾舞用的足尖鞋

○晚上10點半後是「媽媽下班時間」。有事找媽媽的話必須在10點半以前提出

升上國中後，準備星期日的早餐時就能用火了，所以女兒能夠挑戰更多的食譜。我是個不太喜歡做菜的人，不過女兒卻非常喜歡。每個星期日，她都開開心心地準備早餐。

另外，女兒從小就是自己準備上芭蕾舞課要用的東西。縫足尖鞋是很麻煩的事，但女兒似乎覺得，既然是為了最愛的芭蕾舞，那就不算是苦差事了。

Don't規則

Don't規則就是Do規則的相反，亦即「不能做的事」。

這類規則訂得比Do規則少，效果會比較好。畢竟不能做的事若是太多，會讓人喘不過氣。在我們家，任何時候都絕對不能做的事就是以下這2項。

●不怒吼

●不說謊

在遵守「無論何時都要有禮貌」與「活得誠實正直」這2項家庭的基本規則，以及維護家庭成員的尊嚴上，這2件事都非常重要。

制定規則的效果

當孩子年紀還小時，規則應訂得簡單一點，數量也不要太多。重要的是制定規則，讓孩子擁有「自己遵守了規則」這樣的自覺。全家人一起訂立並遵守規則，應該能獲得以下的效果。

1 獲得自信與成就感

遵守規則，能讓孩子實際感受到「自己能夠遵守規則」。只要乖乖遵守規則，就能天天獲得自信與成就感。各位不覺得很划算嗎？

說到成就感，大家或許會想到完成一件非常大的事，但我認為次數比規模更加重要。每天累積成就感，能夠培養孩子的自我肯定感。如果是「父母要求才做」的話，既無成就感，也會傷害孩子的自尊心。

2 如果孩子從小做起，就能養成好習慣

孩子的年紀愈小，愈能自然地接受事物。如果從小就跟著家人一起做好事，便能不知不覺養成習慣，對孩子而言這就成了「理所當然的事」。趁著孩子還小時陪他

一起遵守規則是很重要的。

另外，孩子的年紀愈小，養成的習慣愈能深植於他的人生。即使孩子進入了叛逆期，依舊能維持打招呼的習慣。

3　培養孩子的自主性

規則要由全家人制定，也要由全家人一起執行。由於不是父母單方面的逼迫或管教，而是家人間的協同作業，這樣比較容易培養孩子主動遵守的自主性與責任感。

4　能夠訓練孩子成為共同體的一員

在成長過程當中，孩子會加入各式各樣的共同體。從小遵守家庭這個最小共同體的規則，能夠訓練孩子成為共同體的一分子。

另外，由於這是家人間的協同作業，不僅能夠形成家庭的一體感，孩子也更容易自覺到自己是家庭的一分子。

5　一旦立下規則，父母就不會再拿不定主意

父母也是人，有時會視當時的心情決定是否寬恕孩子。

不過，要是父母的言論與行為每次都不一樣，孩子便會對父母產生不信任感。只要事先由全家人一起訂立規則，父母就不會視當時的心情而改變態度了。因為有了

不可動搖的基礎，家庭問題就變得簡單多了。

6 能夠鍛鍊自制力

即便在不想做事的時候，也要完成自己身為家庭成員的任務，這麼做能鍛鍊孩子的自制力。「與家人合作一起遵守規則」這樣的自覺，能夠培養孩子的耐心。

區分真正重要的事，與無關緊要的事

如同前述，制定規則有許多的好處，但是也有麻煩之處。首先，要讓孩子徹底遵守規則的話，父母本身也必須遵守才行。此外，一旦決定好了就不能動搖。假如父母的態度搖擺不定，訂立的規則就失去意義了。

關於孩子該做的工作，有時大人會覺得自己動手比較快，但這種時候請克制這股衝動，有耐心地在一旁看著孩子完成工作，這點很重要。

至於讓孩子遵守規則的訣竅，就是我在前面提到的，區分「應該遵守的事」與「無關緊要的事」。

舉例來說，我們家規定，家庭成員若是弄亂了家人的共用空間就要收拾乾淨。

當女兒弄亂共用空間卻沒有整理時，我一定會罵她。

不過，自己的房間是各自管理的，所以我不會過問女兒的房間乾不乾淨，全讓女兒自己看著辦。我是個愛乾淨到有「整理整頓女王」之稱的人，有時看到女兒的房間實在很想唸上幾句，但這種時候一定要忍住才行。在我看來雜亂不堪的房間，說不定對當事人而言反倒是很舒適的空間。

因此，就算女兒的房間亂得像颱風掃過，我也不會擅自收拾。只要女兒的東西沒蔓延到共用空間，那就沒關係。

況且，回顧孩提時代的自己，我房間的凌亂程度也跟女兒不相上下，根本沒有資格說她。不過，現在我都會收拾乾淨，因此用不著那麼擔心。一看到孩子做不到某件事，父母就會很不安，可是實在沒必要斷定孩子現在做不到，以後長大了也一樣做不到。

應該讓孩子做多少功課、打多久的電動？

女兒升上同個體系的女校後，學校便開始出作業了。就算交期快到了，女兒卻還不寫功課，我們做父母的也不曾對她說「快去寫功課」。因為我們家規定「自己的事自己完成」。寫功課是自己該做的事，遵守期限也是女兒的責任。此外，何時寫功課、寫多少也都是由女兒自己斟酌決定。如果來不及在期限內完成，女兒會根據這次的失敗經驗，自行找出更恰當的動工時機吧。只要制定了規則，父母也能輕易克服心理障礙，鼓起勇氣讓孩子面對失敗。我認識的家長當中，有人因為不管怎麼唸，孩子就是不寫功課，最後只好幫忙寫。還有人即使孩子都讀大學了，依然會幫他寫功課。可是，沒寫功課，隔天到了學校會困擾的人是孩子自己。父母應該也要讓孩子自己好好思考才對吧？由於我們家早就訂立了規則，「自己的事必須自己負起責任完成」這個自覺，似乎已深植於女兒心中。

另外，以家長為對象舉辦演講或講座時，偶爾有人會問我，該讓孩子看多久的電視、打多久的電動。

我認為沒必要禁止孩子看電視，因此我們家並未特別針對電視或電玩訂出什麼規定，而是讓女兒自己看著辦。女兒似乎偶爾會看真人實境秀之類的節目轉換心情，不過實際上，她鮮少看電視看得入迷或打電動打到忘我。

我想是因為，女兒知道世上還有比電視或電玩更有趣的事物，以及這個時候自己有非做不可的事。與其隨便禁止孩子看電視或打電動，父母更應該努力讓孩子明白，世上還有比電視和電玩更有趣的事物，以及自己非做不可的事是否完成了吧？

順帶一提，腦研究家池谷裕二也曾介紹過這樣的研究結果。這項實驗將正在打電動的孩子分成兩組，一組是請大人狠狠斥責孩子強迫他們停止打電動，另一組則是請大人溫柔地規勸孩子，讓他們自動自發地停止打電動。比較之後發現，前者依然覺得電玩充滿強烈的吸引力而且興趣不減。

這項研究結果同樣顯示出，讓孩子自己選擇有多麼重要吧。

允許看多久的電視或打多久的電動，該由各個家庭自行決定。不過比起規定這種事，我們家更重視「身為須負責任的家庭成員應該做的事」。如果完成該做的事後還有時間，那麼看看電視或打打電動應該也無妨吧。

在我們家，成為家庭的一分子，尊敬、重視彼此，是最為重要的事。因此，當孩子的言行舉止缺乏尊敬之意時，我一定會責備她。

區分「應該遵守的事」與「無關緊要的事」，也有助於減輕爸爸媽媽的煩躁感或壓力。

這是因為，一想到任何事都得嚴格檢查才行，父母也得繃緊神經費力勞心吧。不能不說的重要事項一定要告訴孩子，至於無關緊要的事不說也沒關係，只要區分清楚，父母應該就能以更輕鬆一點的態度去面對孩子。

不遵守規則時該怎麼辦？

不過，如果孩子不遵守重要的規則，那該怎麼辦才好呢？

準備星期日的早餐，是身為家庭一員的女兒所負責的重要工作，但她偶爾也會懶得做早餐。這種時候，由我來準備早餐是比較簡單快速的做法，但我希望女兒明白，沒完成自己的任務會造成大家的困擾，所以我都會像這樣把女兒叫醒：「我肚子餓了！拜託，快點起床！」

假如孩子還是不想做的話，我不會斥責她，而是先問清楚原因。我不會因為這是規定，就不容分說地逼她一定要遵守，而是尊重孩子的心情，給她機會說明自己的想法。

聽了理由之後，要先回答「我明白了」接受孩子的解釋。然後，假如這個理由是正當的，那就當作特例放孩子一馬。畢竟任何規則都存在著特例。

不過，這種情況實在很少見，一年頂多幾次而已。假如只是有點感冒，或是睡眠不足之類的理由，我就會說「做簡單的早餐就可以了」，催促她行動。

孩子最常說的就是「我不想做」這句話。但是，這不能當作理由。所以，我會先問她「為什麼不想做」，然後再開導她，讓她想起為何家裡的每一個人都有自己的任務。

舉例來說，假如父親的任務是為了家人工作賺錢，就可以試著以這樣方式詢問孩子。

「如果爸爸因為不想做了而辭職離開公司，我們家會怎麼樣呢？」

「我們家就會沒有錢。」孩子應該會一臉不安地這麼回答吧。

「就是啊。這樣一來，你的生活會變成什麼樣子呢？你還有飯可吃嗎？」

「我會沒有飯吃！」

「就是啊。你還能像之前那樣去上學嗎？」

「不能！而且也得跟朋友分開。」孩子會考慮到各種層面。

這時如果再問：「既然這樣，爸爸可以因為不想做就辭掉工作嗎？」相信孩子一定會回答：「不行！自己的工作不能不做！」

重點就是，不要用「快點去做！」的口吻強逼孩子行動，父母應該和顏悅色地與孩子對話，讓孩子自行得出「這是自己的工作，自己要負起責任」這個結論。

我朋友他們家同樣制定了家庭規則，其中一條規則就是「要有禮貌」。聽說他們家的兒子還在讀小學時，曾有一次沒跟學校的打掃阿姨說「早安」。

當時也在場的朋友認真地與兒子對話，讓他想起這條規則。結果，他兒子又回去找那位打掃阿姨，很有禮貌地說了一聲「阿姨早安」。就像這個例子一樣，任何時候都要遵守規則，這樣規則才會深植於心中。訣竅並非要求孩子遵守，而是引導孩子自動自發地遵守。

制定規則可減少家人間的衝突、簡化問題

另外，因為我們家還有「不說謊」這條規則，家人如果做錯事就會直率地指正對方，這在我們家是很普通的事。

舉例來說，當女兒忘記寫功課時我會真誠地指正她，對於女兒的解釋，我也不會發怒或批評，只是默默地聽著。因為打造讓孩子敢說老實話的環境，要比責罵她忘記寫功課這件事更加重要。

孩子若是撒謊，父母就沒辦法瞭解孩子了。因此，別製造出會讓孩子覺得必須說謊的環境，這點很重要。忘記寫功課，後來怎麼樣了？有趕緊寫好交出去嗎？只要能跟孩子談論這種問題，犯錯也能變成提升孩子非認知能力的好機會。

此外，孩子年紀還小時偶爾會忘了規則。這種時候，父母必須平心靜氣地仔細說明，哪些事可以做，哪些事不可以做。

持續這麼做後，我們家發生衝突的次數就減少了。一旦發生什麼問題，只要回歸到家庭規則上，彼此心平氣和地溝通就行了。於是，慢慢地就不再需要斥責對方了。家人之間不再發生爭吵，問題得以簡單化，也是制定規則的好處。

我們家制定規則的終極目的，就是「讓全家人都幸福」。

我總是提醒自己不要忘記，制定家庭規則是為了讓大家幸福地度過每一天。如果有人半途而廢，幸福的生活就會瓦解。只要父母努力表達清楚，4歲以上的孩子大多能夠理解這種事才對。

有關孩子私人物品的規則

除了基本規則和Do規則外，我們家還訂立了幾個規定。

例如關於孩子的私人物品與購物的規則。當孩子表示「大家都有，我也想要」時，父母通常都會有些心軟，但在我們家，要不要買某樣東西給孩子，是以必要性對照預算或我們家的方針來決定，而不是跟其他家庭做比較。

以手機為例，雖然價格昂貴，我們依然買了一臺給女兒，而且購買的時機可能比其他家庭還要早。這是因為，女兒經常上臺表演芭蕾舞，導致她常常晚歸，所以必須讓她時時都能跟父母聯絡。

反之，像「大家都有」的昂貴手錶，我就會認為「不怎麼需要」，然後拿自己的舊錶給女兒用，或是尋找便宜的替代品。

這種時候我會帶女兒一起去店裡，讓女兒挑選預算內的款式。

就算沒買給孩子她朋友擁有的所有東西，也沒什麼好丟臉的。當家中經濟不夠寬綽時，或是價格不符合我們家的方針時，我一定會跟女兒說明清楚。

這種時候我也不會只告訴她「我們沒錢」，而是跟她討論「爸爸和媽媽辛苦工作賺來的錢，要怎麼使用比較好」。就算孩子年紀再小，也有能力理解大人說的話。只要跟家人好好溝通，孩子一定會理解。

另外，無論什麼時候，都不要在孩子第一次提起想要東西的時候，就馬上買給他，以這樣的方式來讓孩子忍住衝動購買的欲望。先讓孩子考慮要不要購買，就算要買也要找出最佳的購買方式，藉此克制孩子想要亂買東西的衝動。這個方法非常有助於培養耐心。

重要的是，孩子還小時就要建立這樣的環境。如果孩子生長在「想要什麼都會買給他」的環境，便會養成「別人幫自己是應該的」這種心態，缺乏感謝他人的心。如此一來當然也無法培養「非認知能力」。

「不把工作帶進與孩子相處的時間」是父母該遵守的規則

為了打造出能讓孩子安心生活的環境，身為父母的我們也要遵守一項規則。那就是「別把工作帶進與孩子相處的時間」。

我們跟孩子相處的時間看似很長，其實出乎意料的少。如果心不在焉地度過這段時光，那就太浪費了，更糟糕的是，這樣只會讓期待跟父母相處的孩子感到失望。

即便工作是必然的、是一種選擇，做決定的人是父母，這當中並不存在孩子的意思。對孩子而言，就算父母的頭腦與內心都被工作的問題占據、就算身心疲累不堪，那也都是父母自己的事。

因此在我們家，在晚上10點半的「媽媽下班時間」到來之前，我絕對不會說出「我工作很忙，不行」、「我很累，不行」之類的話。

我老公因為工作的關係，常常一整天不在家，所以我跟他合作，10點半以後換他陪女兒。同樣的，我老公也會遵守規則，不講「我工作很累」之類的話。

打造孩子能夠自立的環境也是父母的任務

老是擔心「有沒有危險」、「有沒有弄錯」，總是在孩子的身邊監控戒備……社會上也有這樣的家長對吧？

英語稱這種父母為「Helicopter Parents（直升機家長）」，不過從現實角度來看，父母不可能時時跟著孩子、管控孩子。

與其這麼做，不如讓孩子遵守自己訂立的規則，這樣一來父母也會更加輕鬆吧。若要管理、掌控孩子，父母就得抱著負面情緒花費勞力；反之，如果孩子能自行遵守規則，就能減輕父母的精神壓力。

只要遵守規則這件事已在心中扎根，孩子長得愈大愈不需要父母費心。聽說青春期（叛逆期）有如颱風一般非常棘手，不過我們家孩子的青春期颱風，卻是一場平靜的颱風。

另外，過度干涉孩子的父母，會養出無法自立的孩子，而且這種情況愈來愈常見。也有愈來愈多的年輕人，大學畢業後就不了業，只能給父母養，而這種家庭的父母，大多從孩子還小時就老是幫他做任何事。

就算覺得始終無法獨立的孩子很沒出息，每當孩子有困難的時候，父母依然會忍不住幫忙。由於父母也認為照料孩子是天經地義的，到了緊要關頭時總是無法毅然拒絕孩子。

為避免這種情況發生，建議各位一定要趁孩子還小時訂立規則。

如果到了叛逆期才突然要求孩子遵守「家庭規則」，孩子應該也不會理你吧。從幼兒時期開始，製造「訂立規則是正常的，遵守規則是應該的」這種狀況是比較理想的。

接下來是「重子特製計畫表」，請大家試著實踐看看喔！

在家裡實踐看看！

計畫表 制定我們家的規則

●**基本規則：**最好是跟孩子邊討論邊決定規則。像我們家就會告訴孩子，如果不尊敬彼此的話，家人就沒辦法和睦相處，而說謊的話就沒辦法瞭解彼此，然後一起訂出對家人而言很重要的4項基本規則。建議大家不妨跟家人一起討論「想建立什麼樣的家庭」吧！

●**Do規則與Don't規則：**訂出基本規則後，接下來全家人一起討論，若要遵守基本規則，各自該做什麼事情、不能做什麼事情。

你也可以問孩子：「你希望自己學會做什麼？」以我們家為例，女兒就讀幼稚園時，我認為自己做得到的事最好能夠自己動手，於是問了女兒這個問題，結果女兒回答「我想要學會自己綁鞋帶」，我便把這件事當作一個目標加進Do規則裡。

如果孩子表示想要擁有更多的朋友，那就跟孩子認真討論該怎麼做才好。「如果想要擁有更多的朋友，你覺得該怎麼做才好？」、「你覺得跟對方打招呼比較好嗎？或者不打招呼也沒關係？」、「你覺得愛捉弄人的朋友怎麼樣？」、「假如你大吼大叫的話，大家會有什麼感覺？」、「如果朋友對你說謊，你會有什麼感覺？」

父母要引導對話，跟孩子一起討論下去，不過決定規則的不是父母，而是孩子。別把規則訂得太難，選擇以孩子的年紀來說應該做得到的事吧。

我們家的規則（範例）

家庭目標（對這個家而言很重要的事）*由孩子主導決定

・親切溫柔	・家人和睦相處	・兄弟姊妹和睦相處
・誠實正直	・互相尊敬	・身心都健康
・互相幫助	・成為有用的人	・總是面帶笑容　等等

DO規則（為了達成目標所該做的事）

・早上與晚上都要打招呼
・每天一起吃晚餐
・遵守餐桌禮儀
・自己綁鞋帶
・自己準備上學要帶的東西
・幫忙擺設餐桌
・要說請、謝謝
・全家人每天都要聚會一次
・週末要跟家人度過
・進房間時要先敲門
・玩具要輪流玩
・幫忙做規定的工作
・做好才藝課的練習與準備
・放學回家先寫功課
・清洗自己的餐盤
・整理自己的房間
・自己收拾玩具
・自己管理零用錢
・弄髒共用空間的話要自己收拾
・做志工
・寫感謝筆記　等等

DON'T規則（不該做的事）

・不跟兄弟姊妹吵架
・不敲打東西
・不浪費
・不在家裡大呼小叫
・不說謊
・不耍任性
・不打擾媽媽的私人時間
・不擅自動用別人的東西
・打電動不能超過規定的時間
・不弄髒大家共用的空間
・不違反校規
・無論在學校還是家裡都不能欺負別人
・不熬夜
・不暴飲暴食
・不對父母惡言相向
・不講會傷害孩子的話
・不講壞話
・房門不上鎖
・功課沒寫完就不能玩
・不使用粗俗的字眼
・不邊看電視邊寫功課　等等

違反規則時（違反規則時要採取的行動）

*為了讓孩子能夠主動採取行動，這個部分也要跟孩子一起討論決定

・暫時隔離（在房間裡反省）	・一天不玩喜歡的玩具
・一天不看電視或打電動	・提早上床睡覺
・承認錯誤重來一遍	・沒收智慧型手機一天　等等

我們家的規則

家庭目標

1	2
3	4

DO規則

1
2
3
4
5
6
7

DON'T規則

1
2
3
4
5
6
7

違反規則時

1	2
3	4

第2章重點

- 告訴孩子明確的「界線」，能讓孩子明白「可以做到這個程度」而感到安心。
- 不要訂立太多的規則。
- 訂立與年齡相符的規則。
- 讓孩子參加討論決定規則。
- 全家人一起訂立規則，讓孩子自動自發地遵守，可培養自我肯定感、成就感、自制力、自主性等非認知能力。
- 區分對家人而言真正重要的事，以及無關緊要的事。
- 如果孩子不遵守規則，應問清楚原因，認真地與孩子對話。
- 只要遵守規則這件事已在心中扎根，孩子長得愈大愈不需要費心。

第3章

對話

親子對話可提升溝通能力

1 促進大腦成長的親子對話

不擅長溝通的日本人

「你認為自己具備溝通能力嗎？」

在某項以500位日本男女為對象的問卷調查中，認為自己具備溝通能力的人只有27・6%，反之覺得溝通很困難的人則高達72・4%（2014年4月，Mynavi News的網路調查）。

「不擅長表達自己的心情」、「無法在人前正常說話」、「無法跟別人打成一片」、「為人際關係所苦」……問卷結果當中也有不少這樣的意見。

日本人的溝通能力常被批評不如歐美人，不過最近，日本的教育現場也開始重視培養這種能力了。

學校的教育確實也很重要吧。以美國為例，從幼稚園到大學，不少學校都有指導說話技巧或是簡報技巧的課程。幼稚園與小學也經常讓孩子進行「Show & tell」簡報。

這個活動是要孩子把自己喜歡或最愛的東西帶來學校，向全班同學介紹這是什麼樣的東西、對自己而言有多重要。孩子不只要介紹自己帶來的東西，聽完其他學生的介紹後也要提問，透過這種方式讓孩子學習表達能力與對話能力等等。

反觀日本的國語課，多年來只重視「讀寫」，不重視當眾發表自己的意見。由於孩子們不曾好好學過這方面的技巧，當他們成為大學生或社會人士以後，就算突然要求他們進行簡報，他們不會也是很正常的。因此，我非常贊成孩子在學校磨練溝通能力。

不過，家庭生活也能夠培養溝通與表達的基礎。若要與他人進行適當的溝通，表達技能固然重要，作為根基的自我肯定感與適當的自信也是不可或缺的。

奠定這項基礎的就是家裡的言語互動。

請問你平常跟孩子說了多少話呢？即使跟孩子相處在一起，親子能好好說上話的機會可能也出乎意料的少。

對話內容同樣很重要。請問你說的話，是否只是單純的下達指示呢？

親子對話會影響孩子的將來？

「對孩子而言，家長說的話應該是最具價值的。」芝加哥大學的丹娜・蘇斯金（Dana L. Suskind）教授如此表示。她是小兒人工耳蝸植入外科醫師，曾經認為幫聽障孩子植入人工耳蝸、改變他們的人生，是一件意義重大的事。

然而，過了一陣子後她卻深刻感覺到，倘若對象是幼童，光是植入人工耳蝸並不足以改變他們的人生。大腦在3歲以前就幾乎發展完成，如果這段期間孩子不曾聽到話語，不只學習語言的速度很慢，而且多半這輩子都很難跟他人溝通。

此時，「3000萬字的差距」這項研究引起了蘇斯金教授的注意。這是社會學家貝蒂・哈特（Betty Hart）與塔德・萊斯利（Todd R. Risley）於1990年代進行的研究，最後得出「幼兒時期聽到的字彙量會影響未來的學力」這個震撼的結論。

哈特與萊斯利以42個社會經濟水準各異的家庭親子為對象，從孩子9個月大開始，追蹤調查至3歲為止。

結果發現，3歲以前孩子聽到的字彙「量」有著顯著的差距。社會經濟水準高的家庭，孩子３歲以前聽到的字彙平均有４５００萬字，反觀接受社會救助的貧困家庭，孩子聽到的字彙平均只有１３００萬字。貧困家庭與社經水準高的家庭大約相差３０００萬字。

另外，調查３歲孩子的字彙量後發現，社會經濟水準高的家庭，孩子會講的字彙平均有１１１６字，貧困家庭的孩子平均只會講５２５字。３歲時以及之後的ＩＱ測驗分數，兩者也都有很大的差距。

後來進行的調查更顯示，３歲以前聽到的字彙量，與９歲時的語言程度、學校的考試成績皆有關係。

看完哈特與萊斯利的研究結果後，蘇斯金教授開始研究如何運用語言促進孩子大腦發展。

蘇斯金教授之所以展開這項研究，是出於「不能讓父母的經濟差距影響孩子的學力」這股危機感。然而實際上，這項研究的重點並非父母的收入高低。因為即便是收入高的家庭，父母也不見得會進行有效的言語互動。

反倒是那些隱約知道「語言的發展會促進孩子的大腦發展」的父母，他們從孩子還聽不懂話語的幼小時期就頻繁地對孩子講話、一邊玩耍一邊呼喚孩子、幾乎天天唸書給孩子聽。

當孩子做了什麼不好的事時，也不會大聲斥責，而是盡量心平氣和地告訴孩子不可以這麼做。

重要的不是收入的差距，而是父母的心態與努力的差距。

對於有貧困或疾病等許多問題的家庭而言，父母或許沒辦法特地花費勞力與時間，去跟還不會說話的孩子講話。

但是，跟孩子講話不用花錢。總之，這項研究證明了，「父母對孩子說話之行為」是很重要的。

讓健全者與聽障者一同學習的河流學校

有一位教育者親身體會到這種對話的重要性，將之運用在實際的教育上。

南西・瑪隆（Nancy K. Mellon）女士在2000年，於華盛頓特區創辦全美第一間讓聽障兒童與健全者一同學習的學校。

南西女士有3個孩子，其中一個兒子天生就聽不見。這個孩子在2歲時接受了人工耳蝸植入手術，不過如同前述，並不是裝了人工耳蝸就能順利讓孩子說話。也有不少人做了人工耳蝸的手術後，這輩子的溝通能力依舊不高，也無法達到與年紀相符的學力。

聽障兒童的監護人或教師，通常會覺得「反正孩子又聽不見」而放棄跟他說話，改用比手畫腳的方式來表達意思，南西女士的兒子所就讀的啟聰學校也是如此。

但是，就算對方是個耳朵聽不見的孩子，如果完全不跟他講話，這孩子就得一輩子活在沒有語言的世界了。

因此，南西女士決定讓兒子進入健全者就讀的學校。此外還聘僱語言治療師，請他不斷跟兒子說話。她和老公也嘗試用各種方法來跟兒子互動。

健全的孩子只要聽過1次就能理解的內容，耳朵聽不見、很晚才開始學習語言的孩子得聽60次才能理解。不過，只要仔細地重複說明，孩子就能慢慢聽懂。

南西女士對於這種「重複字句的重要性」產生了興趣。

結果手術3年後，她兒子的說話能力總算與年紀相符了。

這段經驗讓南西女士體會到，大人與孩子的對話，對孩子的語言發展影響非常大。大人跟孩子講的話如果不夠多，不只會讓語言發展遲緩，之後的學力也有可能難以提升。此外她認為，這種教育不只適合有聽覺障礙的孩子，也對健全者很有幫助。

於是她決定創立一間，健全者與聽障兒童能夠一同上課的學校。那間學校就是全美第一間，讓健全者與聽覺障礙者一同學習的河流學校（The River School）。

著重於語言的教育

河流學校並未給學生個別準備課桌，而是全班圍著一張大桌子坐下來，大家看著彼此一邊交談一邊上課。這裡實施的是「著重於語言的教育」。

他們會先決定主題，例如：1歲幼兒班是「毛毛蟲」，2歲幼兒班是「交通工具」，3歲幼兒班是「熱帶雨林」等等，然後唸相關的書籍給孩子聽，或是一邊講話一邊玩遊戲。

他們也會用紙做出葉片、樹木與食物，將教室布置得跟繪本《好餓的毛毛蟲》的世界一樣，讓孩子體驗看看毛毛蟲吃東西的情形。只要像這個樣子，讓孩子在玩遊戲的同時不斷反覆聽著同樣的單字，便能增加孩子的詞彙。

之前到河流學校參觀時，發生了一件令我非常驚訝的事，就是我在2歲幼兒班聽到了「Stethoscope」（聽診器）與「Conservationist」（自然保護主義者）這類詞彙。就連大人都不見得知道這麼困難的名詞！

另外，河流學校不只教育孩子，還針對家長推出課程。例如「親子的相互治療課程」，是訓練父母的說話技巧，避免父母對孩子使用命令句或負面用語。這種課程是要教導父母溝通的技巧，讓他們知道以什麼方式跟孩子對話，能幫助孩子發展語言能力。因為若要促進孩子的大腦發展，重要的是在家也要頻繁地跟孩子說話，而不是比手畫腳或命令孩子。

河流學校透過這種教育，讓有聽覺障礙、較晚起步的孩子，也能跟健全者一樣正常說話，學力也與年齡相符，有些孩子的程度甚至超過實際年齡。

另外，南西女士也表示，原本不會講英語的外國孩子，在這間學校就讀1年後，大部分都能講出一口流利的英語。

孩子的「為什麼？」是激發思考力的絕佳機會

那麼，我們該怎麼在家裡呼喚孩子，以及跟孩子對話呢？

以下就按照年齡階段，依序為大家介紹。

首先是3歲以前的幼兒，有時他們不是因為思考力不足，而是因為不知道那個詞彙才會說不出來。因此，這個時期與其不停發問害孩子傷腦筋，父母更應該細心地教導孩子。

例如：「這是車子」、「車子是紅色的」、「輪子有幾個呢？1、2、3、4，總共有4個」、「輪子是圓的」等，就像這個樣子仔細地告訴孩子。如此一來，孩子就不會喪失自信，還能增加知道的單字量。只要持續進行下去，孩子的詞彙就會愈來愈多，語言能力也會愈來愈發達。

孩子再長大一點，便到了會提出一大堆問題的時期。老愛問「為什麼？」是幼兒時期的特徵，例如：「為什麼天空是藍色的？」、「為什麼狗會汪汪叫？」……從包羅萬象的難題到切身的問題皆無所不問。

孩子太愛發問，有些父母可能會覺得很煩，但大人絕對不能錯過孩子好奇心萌芽的美妙時刻。因為這是激發孩子思考力的絕佳機會。父母不要忽視孩子的問題，立刻回答他，或者反過來問孩子「你覺得是為什麼呢？」，能幫助孩子養成思考的習慣。

另外，就算孩子回答錯誤，也不要馬上否定他，應該先對孩子自行思考一事予以肯定，然後詳細詢問孩子為什麼這麼認為。

如此一來，孩子就能培養出思考力與發想力。

再者，誇獎孩子自行思考這件事，對他們的豐富發想予以回應，也能讓孩子產生「得到了父母的肯定」這份自信。孩子或許也有想知道答案的欲望，不過他們之所以發問，其中一個原因就是想引起父母的注意。要是父母覺得麻煩而忽視孩子的問題，孩子就再也不會想跟父母說話了吧。

另外，如果父母只告訴孩子正確答案，孩子有可能不會發揮豐富的想像力，提出正確答案以外的想法。

如果父母總是抱著「必須告訴孩子正確答案」這種心態，也許會覺得這類問答非常麻煩，但若是把它當成與孩子對話的機會，就會變成一段非常有意義的時光吧。

反過來問孩子「這是為什麼呢？你覺得呢？」的話，通常孩子都會自己動腦思索，導引出各式各樣的回答。有時當中甚至會出現，大人想不到的嶄新想法或天馬行空的創意，讓人驚訝於孩子的想像力。對我而言，跟女兒進行這樣的互動同樣是一段非常愉快的時光。

電視與電腦無法幫助孩子學會語言

華盛頓大學學習與腦科學研究所的所長——派翠西亞・庫爾（Patricia K. Kuhl）博士的研究指出，7歲以前的嬰幼兒具有「天才級」的語言學習能力（7歲以後，這項能力便逐漸衰退）。他們也有能力從眾多外語當中分辨出母語。不過，孩子似乎不會透過電視或電腦學習語言。

庫爾博士曾經進行過一項實驗，她將9個月大的美國寶寶分成3組，讓他們聽中文。

第一組請會講中文的實驗者扮演女親戚的角色，一邊跟寶寶玩，一邊用中文跟寶寶講話。第二組則讓寶寶看電視聽中文，第三組是讓寶寶聽錄下來的中文語音。

反覆讓寶寶聽12遍後再進行調查，結果發現聽真人說中文的寶寶出現了學習效果，他們能夠正確分辨出中文。反觀看電視的寶寶與只聽語音的寶寶，卻什麼也沒有學會。

也就是說，如果要讓嬰兒學會語言，不能只靠電視、影片或電腦播放的語音，必須由真人出馬才行。因為人是透過與他人之間，根據狀況靈活應對的對話來學習語言的。河流學校的校長南西・瑪隆女士也強調，對話（自己出聲之後隨即收到回應）是很重要的。

最近增進語言能力的數位學習教材或數位語言課程很受歡迎，但真人面對面授課的語言課程學習效果還是比前者好。雖然透過電腦學習不用花錢，但多付出一點點勞力的話卻能造成差距。

平凡普通的親子對話能夠改變孩子

在我們家，等孩子再長大一點之後，就改問無法用Ｙｅｓ或Ｎｏ回答的開放式問題。

例如：「妳在學校遇到了什麼樣的事呢？」、「今天過得如何？」……重要的是父母這短短的一句話當中，充滿了「我很在乎妳喔」這份關心與愛情。這種平凡普通的問題，能夠讓孩子確信「自己是被關愛的、是被需要的」，繼而增加自信與自我肯定感。

我們家除了吃飯時間外，移動期間與購物期間也會大聊特聊，例如：「看了今天的電視節目後，妳有什麼感想？」或是「什麼事讓妳這麼開心？」等等。畢竟能夠跟孩子相處的時間很有限，我總是不放過任何機會勤懇地與孩子對話。

另外，我們全家人事先決定了，面對這種問題時不能回答「不知道」。

之前，有位媽媽在聽完我的講座後，發給我這樣的訊息：「自從我每天看著女兒的臉打招呼，問她『今天過得怎麼樣？』後，孩子的神情變得不一樣了。」是的，只要做到這點小事，就能收到極大的成效。孩子進入青春期後有可能對父母不理不睬，但是父母依然要繼續噓寒問暖。無論孩子回不回答，父母一定要每天表達1次自己對孩子的關心。感受到父母對自己的愛，能帶給孩子自信與自我肯定感。

孩子開始上學以後，父母不瞭解的事也會隨之增加。孩子不想讓父母擔心，也不希望被父母討厭，因此有些事不會告訴父母。或者應該說，不告訴父母的事反而比較多。

在我們家，這種時候既不會放任不管讓孩子自己處理，也不會想要打破砂鍋問到底。因為我認為，讓孩子自然感受到「爸媽都有在觀察妳喔」、「我們很關心妳」，讓孩子安心是很重要的。

舉例來說，女兒的學校有時會將孩子畫的圖或美勞作品展示在走廊上，這種時候我都會盡量找時間過去看看。

看完之後我都會發表感想，女兒聽了便會露出十分開心的表情。對孩子而言，沒有比感受到父母在乎自己、自己被父母所愛，更能增加自信的事物了。

利用問題幫助孩子導出答案

無法用Yes或No回答的問題，埋藏著神祕的魔力。

我擁有生活教練的證照，目前從事教練指導工作，而發問可是指導的「基礎中的基礎」。教練並不會直接給客戶建議，而是藉由不斷發問，引導客戶自行找出答案。正因為是自己做出的決定，當事人才會想要實踐，而且成效也會變得更好。靠自己找出答案是很重要的。

育兒也是一樣。讓孩子養成自行思考、找出答案的習慣是很重要的。這麼做能夠自然而然培養出問題解決能力。

在家裡發問時，請記得一定要提出以下的問題。無論是發生問題時或是孩子迷惘時，這種提問方式都能發揮效果。

●你認為有什麼方法？

●換作是你，你會怎麼做？

當孩子回答後，先以「這樣啊」表示肯定，接著再以「為什麼這麼認為？」詢問原因，一步步推展對話。例如這個樣子：

【運用發問的對話範例 1】

父母：今天在幼稚園過得怎麼樣？

孩子：今天○○欺負我。

父母：他對你做了什麼事呢？

孩子：玩具不借我玩。

父母：是喔，你覺得是為什麼呢？

孩子：因為他還想再玩一下。

父母：這樣啊。如果你還想再玩一下，你會怎麼做呢？

孩子：我應該會說「我們一起玩吧」。不過我可能還是不想借給別人玩……

父母：但是不借的話，那個小朋友或許也會覺得你欺負他喔。如果不希望這樣，你覺得怎麼做比較好呢？

孩子：跟他說「等我一下喔」。

父母：這個辦法很好呢，只要等一下就能借到玩具。除此之外還有什麼方法呢？

孩子：分成一半？

父母：那是可以分成一半的玩具嗎？

孩子：不是。

父母：那麼這個辦法可能就行不通了。你還有其他的方法嗎？

孩子：輪流玩。

父母：啊，這個辦法也不錯呢。下次發生這種情況時，你會怎麼做呢？

孩子：我應該會說「我們輪流玩吧」。

【運用發問的對話範例　2】

父母：去游泳教室上課的時間到囉。

孩子：我不想去。

父母：為什麼不想去呢？

孩子：我覺得很討厭。
父母：為什麼討厭呢？
孩子：因為水很冷，我不想泡在游泳池裡。
父母：原來如此，游泳池的水確實很冷呢。可是，決定要上游泳課的人是你喔。你覺得怎麼做比較好呢？
孩子：不要去就行了。
父母：可是，這樣就違反家庭規則了喔。如果媽媽說，我今天很累所以不煮飯，結果會怎麼樣呢？會害大家肚子餓吧。因此就算是不想做的時候，媽媽還是會乖乖遵守家庭規則。所以你也要遵守喔。雖然不想去，但又不能不去時，你覺得怎麼做比較好呢？
孩子：我不知道。
父母：啊，我們家有規定不能說「不知道」喔。你認真地想一想吧。
孩子：因為上游泳課一點也不快樂嘛。
父母：可是我們家有規定，做事要持之以恆，一直做到真的不做了為止呀。要不然，我們來想想如何才能讓游泳課變得快樂吧。你認為怎麼做比較好呢？

孩子：穿上有花朵裝飾的泳衣。上完游泳課後去吃冰淇淋。跟朋友玩過之後再一起去上課。上完游泳課後跟朋友一起玩。

父母：哇——你想了好多方法喔！你覺得哪一個方法最好呢？

父母要有耐心地不斷發問，引導孩子找出答案，這點很重要。如果每次都告訴孩子「你要這麼做」，就無法培養自行找出答案的能力。大人要支援孩子，讓他能夠自行找出答案喔！

唸書給孩子聽提升詞彙力

除了跟孩子講話之外，唸書給孩子聽也很重要。

美國小兒科學會也建議，家長應在孩子出生後不久就唸書給他聽。某項研究指出，平常會聽父母唸書的孩子在就讀幼稚園時，擁有的詞彙通常比其他孩子還要豐富，算數能力也比較強。

我們家裡也有一大堆書，此外我還會充分地利用徒步2分鐘就到的圖書館。日本的圖書館也經常舉辦唸書給孩子聽的活動，大家可以參加這類活動，提高孩子對書籍的興趣。

唸書給孩子聽時，要開開心心地唸，這點也很重要。前面也提過，讓聽障者與健全者一同學習的河流學校，都會訂出主題來加深孩子對詞彙的理解，我們家也仿效這種做法，先訂出每月主題，然後唸相關的書籍給孩子聽。

舉例來說，假如這個月的主題訂為「向日葵」，我就都挑相關的書唸給女兒聽，於是女兒就能學到向日葵，以及跟向日葵有關的各種單字，例如：土壤、營養、環境、陽光等等。反覆唸同一個主題的書給孩子聽，也能增加孩子的詞彙量。另外，我也常會針對書籍的內容，跟孩子討論「你覺得如何？」、「你認為為什麼會這樣？」。

父母的詞彙豐富度會影響孩子的學力

父母說的話不是「量」多就好，「質」也很重要。

前述的「3000萬字的差距」研究發現，父母對孩子說的話「量」能促進語言發展及提升學力，但不光是話語的「量」，話語的「質」（即詞彙的豐富度）也會影響孩子的語言能力與學力。

如果孩子聽到的詞彙「種類」很少，3歲時的語言發展通常有遲緩的傾向。有研究結果指出，在父母或家庭成員經常交談的家庭裡，孩子不僅能擁有豐富的詞彙，語言能力也會進步。

我是在女兒4歲時得知這件事的，知道後我不禁害怕起來。原因在於，我跟女兒說話時主要是用日語，全家人交談時則使用英語。但因為英語不是我的母語，我的英語詞彙頗為匱乏。像艱澀的字眼或是學術用語等，我不知道的詞彙也是多不勝數。

我不禁擔心，自己的詞彙匱乏與文法錯誤，說不定會降低女兒的語言能力。

於是，我開始拚了命地閱讀報紙與書籍，鍛鍊自己的詞彙力。

此外還告訴我老公，希望他不要配合我而降低家庭對話的英語水準。

如果遇到不懂的詞彙，我一定會查辭典。女兒看到我頻繁地查辭典，也開始有樣學樣，這種時候她也會跟我一起查辭典。有時我也會請老公說明詞彙的意思。

像這樣一個一個查詢後，那些詞彙就會存留在我與女兒的記憶當中。

在我們家，每當女兒問我「這個詞是什麼意思？」時，我都會陪她一起查兒童辭典。另外，我偶爾也會問女兒：「妳知道這個詞是什麼意思嗎？」用這種方式增加女兒的詞彙。

只要把兒童辭典放在孩子能立刻拿到的地方或書架上，遇到不懂的詞彙時就可以馬上查。再者，現在就算不用紙本辭典，也能用智慧型手機查詢，查字並不是多困難的事吧。

總之重點就是，即便很麻煩，仍然要一一查詢詞彙意思。孩子是追隨著著父母的腳步長大的，我認為父母應該勤快地做給孩子看，也要陪孩子一起做做看，這點非常重要。

2 可提高自我肯定感的對話方式

父母的否定話語會壓抑孩子的能力

父母的話語內容也很重要。

前述哈特與萊斯利的研究發現，父母對孩子講的話愈多，孩子的ＩＱ測驗分數愈高，但這其實也有例外。

那就是當父母使用命令句或禁止句時。研究發現，「不行！」、「不可以！」這類否定的詞彙，會降低孩子的語言學習能力。

實際接觸孩子，便能體會到「否定的話語對孩子無效」這項事實。

舉例來說，像「如果不收拾房間就不可以看電視」，或是「睡覺前不能不上廁所」等等，這類不自覺脫口而出的話也含有否定的詞彙。

不過，要是大人講這種話，孩子非但不太會乖乖聽話，自我肯定感也會下滑，喪失自動自發做事的意願。

這種時候，不要使用否定的詞彙，改用肯定的詞彙比較有效。例如：「玩具收拾好後再看電視吧」或是「上完廁所再去睡覺喔」。

假如孩子依然不想做，父母也可以向孩子提議「我們一起做吧」。畢竟孩子都會自然而然模仿父母，只要父母和顏悅色、很有耐心地持續告訴孩子，慢慢地孩子就會自動自發去做了。

著名的伊索寓言「北風與太陽」，有不少值得父母學習的地方。北風呼呼地吹，想把大衣吹走，但人只會把大衣抓得更牢更緊；反觀太陽溫暖地照耀著，人自然就會脫掉大衣。養育孩子也可說是一樣的道理。

當孩子不聽話時，父母往往會忍不住怒吼或出言恐嚇，但這樣只會激起孩子的反抗心理，一點效果也沒有。不僅如此，還有可能養出完全不聽他人的意見、固執己見的孩子。

也有調查結果顯示，被父母吼大的孩子，進入青少年時期後就更不會聽父母的話了。據說是因為，孩子把父母的怒吼聲視為「討厭的事物」，並且學著「左耳進，右耳出」，用這種方法讓自己不放在心上，保護自己的心靈。

因此，就算父母再怎麼煩躁，對孩子怒吼或是激動地斥責孩子只會造成反效果。這種行為就跟北風一樣。

父母反而要做個「再怎麼煩躁也不會怒吼的榜樣」給孩子看。孩子是看著父母長大的，只要父母徹底做到這點，孩子也會變成這樣的人。

此外也有研究結果顯示，如果對孩子實施「言語暴力」，例如：亂發脾氣、破口大罵、侮蔑等等，孩子不但會變得不聽話，還有可能做出問題行為，或是有憂鬱的傾向。

美國匹茲堡大學與密西根大學的研究團隊，花了2年的時間訪談976個青少年家庭，調查對孩子怒吼的行為與孩子的問題行為之間的相關關係，並且將調查結果發表在《Child Development》期刊上。

這項調查發現，如果父母持續以怒吼的方式管教孩子，孩子出現憂鬱症症狀的機率將會增加。此外，孩子的怒意與攻擊性將會增強，也常看得到破壞行為或違法行為等問題行為。

進行研究的匹茲堡大學教育心理學系副教授王明德（Ming-Te Wang）表示，「如果以嚴厲的話語要求孩子遵守規定，對各方面而言都是有害的」。

養育年幼的孩子很麻煩，真的很花時間與勞力。不過，這是育兒必經的中間階段。只要現在多費點心，以後一定會輕鬆許多，否則等孩子長大以後才要矯正可就不容易了。

對於成長期的孩子，父母最該做的就是尊重孩子本身。仔細聆聽孩子說的話，如果發生了問題，就跟孩子一起討論該怎麼解決才好。

當然，父母一定要有耐心才行。不過長遠來看，這種做法的效果更好。假如你很想怒吼，不妨先考慮一下：「要是我吼了這個孩子，他也會變成一個會怒吼的人。這樣一來，等他長到10幾歲時就更難管教了！」

另外，大人最好不要為了無能為力的事而責備孩子。假如孩子不擅長運動，大人就算罵他「你為什麼不能再跑得快一點！」也沒意義，反而只會降低孩子的自我肯定感。

有些父母想要矯正孩子的挑食毛病，但就算對討厭吃紅蘿蔔的孩子說：「沒吃完就不能離開座位！」把他綁在椅子上，這個孩子喜歡上紅蘿蔔的可能性也是微乎其微。即便孩子不吃紅蘿蔔，只要找出替代品就不必擔心營養失衡吧。吃飯本該是一件快樂的事，父母該擔心的反而是孩子會不會覺得吃飯很痛苦。

況且有些孩子長大以後，就能夠接受各式各樣的味道了。其實父母的態度可以再寬鬆一點，不妨向孩子提議「要不要吃一口看看」、「要不要跟朋友一起吃吃看」等等。

有效的誇獎方式——誇獎孩子的努力而非能力

以誇獎的方式養育孩子固然重要，不過史丹佛大學心理學教授卡蘿・S・杜維克（Carol S. Dweck）博士等人花了20年研究後卻發現，並不是隨便亂誇孩子就好。那麼該如何誇獎孩子才對呢？

在杜維克博士的研究中，她讓10幾歲的孩子去解10個ＩＱ測驗題目，然後分別用2種方式誇獎他們。

第一組是誇獎孩子的「能力」與「結果」，例如：「你得到〇分呀，你真聰明呢」。第二組則是誇獎孩子的「努力」與「過程」，例如：「你得到〇分呀，你很努力呢」。

結果，下一次測驗要從2個題目擇一作答時，「能力」獲得誇獎的第一組孩子，大多傾向於避開較為困難的題目。

反觀「努力」獲得誇獎的孩子，則傾向於選擇較為困難的題目。

此外，之後提出更困難的題目時，「能力」獲得誇獎的孩子大多認為自己很笨，沒有才能。

面對第一個題目時，這2組都能輕易答出正確答案，但當題目變得愈來愈難後，天生具備的能力獲得誇獎的孩子就無法樂在其中了。反觀自己的努力獲得誇獎的孩子，即使題目變難了，他們依然樂於挑戰。

如果誇獎原本具備的能力與資質，孩子就會害怕自己挑戰困難的題目卻失敗，因而喪失想要挑戰的動力。反之，如果誇獎付出的努力，孩子就會覺得挑戰是一件快樂的事，能夠不斷進步成長。

我們可以從這項研究結果得知以下這件事：

與其誇獎孩子天生具備的能力、資質以及結果，不如誇獎此前的過程與努力，這樣更能激發出孩子的幹勁。

其實我也有過這樣的經驗。小時候考１００分時，一聽到別人誇我「妳好聰明」，我就非常焦慮不安。當我沒考到１００分時，由於無法證明自己的能力，我覺得自己的存在價值似乎變低了。於是漸漸地，我開始害怕自己不能考到好分數。

最後，我決定以不認真念書的做法來逃避這個問題。換言之，就是給自己準備「我其實是有能力的，只是沒念書而已。只要拿出幹勁就能考好」這樣的「藉口」。結果，我的學習意願也逐漸下滑。

由於有過這樣的經驗，我很認同「不能以原本具備的能力作為評價對象」這項結論。因此，我總是關注、誇獎女兒的努力。

另外，我在誇獎女兒時，也會具體稱讚是哪個部分做得很好。而且除了「好的部分」外，我也會告訴女兒哪個部分應該可以改善。

如果只是隨便亂誇孩子，孩子也會習慣被人誇獎。只要讓孩子感受到，父母確實都有在關注自己，應該就能促使他們進一步成長。重要的是，要讓孩子興起努力讓自己變得更好的念頭。

3 以理性對話提升孩子的自制力

講出合理的理由，可提升孩子的自制力

「媽媽，幫我做這個！」、「媽媽，陪我玩！」、「媽媽，快點過來這邊！」……跟孩子相處時，孩子總是接二連三地對父母提出要求。

就算媽媽再怎麼有耐心，忙碌時要是聽到孩子這麼說，依然有可能會感到心煩焦躁吧。

這種時候，不要發怒、怒吼或是不理會孩子，只要告訴孩子合理的理由，例如：「媽媽現在正在打掃，等一下喔。要是媽媽不打掃，灰塵又會害你打噴嚏」，孩

子就會乖乖接受。

撇開3歲以下的嬰幼兒不談，當3歲以上的孩子提出要求時，如果以附帶合理理由的「等一下」來回應，便能夠提升孩子的自制力。

當你必須禁止孩子做出某個行為時也一樣，只要向孩子說明清楚不能做的原因，就能夠達到互相理解。

不要只是告訴孩子「不可以在樓梯上玩耍」，應該仔細說明為什麼不可以在樓梯上玩耍。例如：「如果摔下樓梯，你可能會受傷，說不定身體就再也動不了了。要是發生這種事，媽媽會很傷心的」。

只要仔細說明原因，孩子便會認識到這個行為伴隨的危險，此外也能明白父母是愛著自己的吧。這種認識與理解能夠幫助孩子培養自制力。

假如對方連原因都沒說明，劈頭就說「不可以」，即便是大人也會很生氣，並且覺得自己的存在不重要吧。不消說，自我肯定感當然也會低落。

如果對象是幼小的孩子，不見得只要講一次就能理解。不過只要父母細心地重複這段對話，孩子還是能夠聽懂的。這種依據邏輯順序（Logical Sequence），說明「如果這麼做，從邏輯上來看有可能會變成這樣」這層因果關係的說話技巧，無論對象是誰都很有效。

不要只是叫孩子「安靜別吵」，應該告訴他「如果在店裡吵吵鬧鬧，有可能會撞到其他的顧客害對方受傷，你自己也有可能會受傷。其他的顧客說不定會覺得你很吵」，讓孩子去想像自己的行為會帶給他人什麼樣的因果影響。

這種做法能使孩子懂得運用批判性思考（Critical Thinking），也就是在解決問題時，先蒐集、分析資訊掌握狀況，再從邏輯角度假設可能發生的結果，然後導出最適當的結論。如果孩子從小就學會這種思考法，長大以後也會很有幫助。

另外，責罵孩子時，最好避免當著他人的面罵人。就算孩子有錯，當著他人的面挨罵是最傷自尊心的事了。孩子有可能覺得丟臉而變得愈來愈固執。這種時候，我一定會把女兒帶到沒有其他人的地方，一對一地用溫和的口吻責備她。在培養孩子的非認知能力上，責備時的對話內容可是超乎想像的重要。

測量自制力的棉花糖實驗

批判性思考能使人客觀檢視自己的行為並加以控制，換句話說就是能提升自制力。父母平時應以理性而非衝動的態度來面對孩子，努力提升孩子的自制力，這點很重要。

「棉花糖實驗」是有關孩子自制力的著名測驗之一。1960年代，史丹佛大學的心理學家沃爾特・米歇爾（Walter Mischel）教授，透過這項實驗調查4歲兒童的自制力。

這項實驗是請大人準備一個孩子喜歡的東西（例如棉花糖或糖果），放在孩子的面前，然後這麼說：「在我回到房間之前，如果你能忍住不吃，我就再給你一個。」接著大人離開房間，15分鐘後再回來。

在186名實驗對象當中，有大約三分之一的孩子忍了15分鐘，得到第二個棉花糖，其餘三分之二的孩子，則忍不住吃掉了眼前的棉花糖。

之後又追蹤調查那三分之一忍住沒吃的孩子，結果發現他們不僅SAT（學術水準測驗考試）的分數很高，學業方面相當優秀，而且肥胖指數很低，他們也善於管理自身的健康。

能否理解大人的話並且忍住不吃眼前的零食，與能否控制衝動行為是互有關聯的。簡單來說，就是取決於孩子能否控制自己心中的怒意與衝動。這並非與生俱來的能力，而是從幼年時期花很長的時間培養出來的。

父母平常和和氣氣地跟孩子說話，能夠提升孩子的自我控制能力。

用「正念」提高自制力

前述的河流學校用來提升自制力的方法也值得參考。該學校將廣受全球關注的「正念（Mindfulness）」融入教育當中。

舉例來說，如果孩子跟朋友吵架，吵到快要發火的話，就叫孩子去做瑜伽。學校教導孩子，當他們覺得自己快要生氣時，就老實告訴老師然後離開現場，前往隨時都開放的瑜伽區擺姿勢。

讓自己冷靜下來的姿勢因人而異，總之就是擺出喜歡的姿勢反覆吸氣與吐氣，情緒便會漸漸地冷靜下來。這裡的孩子，居然從2歲半起就在實踐這種做法。就算情緒很激動，只要冷靜下來就能自行控制。老師與幼兒間總是進行著這樣的理性對話。

所謂的「正念」，是指製造「專注於此刻發生在這裡的事的心理狀態」。冥想或瑜伽能使人較容易進入冷靜且平靜的正念狀態，使心靈變得沉穩。為孩子製造容易進入正念狀態的狀況，非常有助於提升自制力。小朋友最喜歡的畫圖，也許就是其中一種容易進入正念狀態的方法。美國有不少家庭實施「Time out（暫時隔離）」這種做法，也就是父母把孩子帶到安靜的房間裡。

此外，河流學校還使用「心情板（Feelings Board）」，讓孩子能夠正確地表達自己的心情。如果對象是2歲的幼兒，就會使用寫著「快樂、生氣、傷心」這3個詞彙以及表情圖案的板子，幫助孩子說出此刻的心情。

孩子能夠藉由觀察自己的情緒，學會客觀分析自己。這也是培養自制力的重要訓練。畢竟當事人若是沒發現自己正在生氣，自然也不會想去控制這股情緒吧。觀察自己的情緒後，再從邏輯角度分析自己為何會有這種心情，如此一來就能找到理性的解決方法。

我們家也仿效這種做法。率先使用這個方法的人是我，當自己因為不習慣美國生活而累積壓力時，我能夠正確地表達自己的情緒（例如：憤怒、失望、煩惱等等），也能夠有效地讓老公與女兒知道自己的心情，並且找出解決方法。由於我學會在發飆或發怒之前控制自己的情緒，我與家人都變得更幸福了。心情板也是一種非常理性的對話方法。

因此之後，我不只每天早上都會問女兒：「今天的心情如何？」當女兒似乎在生氣時，我也不會罵她，而是溫柔地問她：「可不可以告訴媽媽，現在妳的內心發生了什麼狀況呢？」

女兒3歲時，我只給了「快樂、生氣、傷心」這3種選項讓她選，之後隨著年紀增長，選項便多了其他更細微的情緒，例如：興奮、生氣、煩躁、不開心、冷靜。

客觀觀察並控制自己的知覺、情緒、思維等認知活動的做法，在心理學上稱為「後設認知（Metacognition）」，只要反覆進行這項作業，就能學會冷靜觀察自己並且接受自己。

另外，父母與孩子都應該如實接受情緒，不要去判斷它「好」或「不好」，這點很重要。接受是指照實觀察孩子現在的情緒或想法，不去判斷它的價值。憤怒並非不好的情緒，有時它是必要的情緒，而且也是自己的一部分。但是若缺乏自制力，它就會變成糟糕的情緒。

只要持續這麼做，慢慢地自己就不會受情緒擺布，能夠發揮自制力以理性的方式冷靜應付。

別把父母的一廂情願強加在孩子身上

若要培養孩子的自我肯定感與自主性，父母絕對不能強迫孩子去做某件事，也不能試圖控制孩子或改變孩子。這種情緒性的對話會傷害到孩子。

父母首先要做的，就是停止對孩子下達命令與指示。父母不要單方面地要求「去做～」或「照我說的去做就好」，應該傾聽孩子的意見。

無論何時，我都會詢問女兒「換作是妳會怎麼做？」、「為什麼這麼認為？」，讓她發表自己的意見。久而久之，孩子就能擺脫情緒性的判斷，懂得思考問題的答案並逐漸導出合理的結論。此外，大人若向孩子尋求意見，光是這樣就能讓孩子感受到自己的存在意義。表達自己的想法能帶來自信，「有人願意傾聽自己的意見」這項事實也能提升自我肯定感。

某位曾來聽我演講的媽媽傳訊息告訴我，自從她有耐心地聽孩子說話後，不僅孩子願意對她說「我最喜歡媽媽了！」，她跟孩子的關係也變好了。光是認為自己的意見值得大人一聽，孩子的自我肯定感就會增加。

不過坦白說，這是非常麻煩的做法。

就某個意義來說，命令或要求孩子去做父母認為應該做的事，或許比較輕鬆又有效率。尤其是沒空的時候，有個乖巧聽話的孩子，父母就省事多了。

可是我認為，今後的時代必須培養出能夠自己動腦思考的孩子才行。如果只會要求孩子聽從父母的話，孩子也許就會成了一個沒有主見的人、只會等待指示的人，甚至是遭機器人或ＡＩ取代的人。

我想要培養的孩子是，即使別人說「你應該這麼做」，如果自己覺得那是不對的，就發表意見告訴對方「我想到了比這個更好的方法，所以我要這麼做」這樣的孩子。而且，無論是什麼方法都會做到最後。

因此在我們家，就像前面提到的一樣，即使孩子不做她該做的事，我們也不會單方面責罵她「快點去做」，而是仔細詢問她「為什麼不做」。即便在父母眼裡，孩子的想法是錯誤的，我們也不會劈頭就否定她，而是互相討論「怎麼做才會好轉」，然後採納女兒想出的方法讓她完成這件事。另外，假如不做的理由是合理的，我們也會接受。畢竟父母也未必時時都是正確的。

想要孩子停止做某件事時，我們也不會命令她「不要做」，而是透過對話敦促她。總之就是從邏輯角度討論，要是做了這件事會怎麼樣、不做會怎麼樣。雖然得花時間，但若要讓孩子養成自己動腦思考並展開行動的習慣，必然得採取這種做法。另外，如果不想養出凡事全憑「喜歡」、「討厭」、「想做」、「不想做」這類心情來決定的孩子，想養出能夠以邏輯觀點思考事物的孩子，那就不可缺少親子間的理性對話。如此一來，孩子就能養成自己動腦思考，為求對自己來說最適當且最大的成果而行動的習慣，父母也能養成認真傾聽的習慣，不再對孩子的想法做出情緒性的反應。

另外，如同第2章的介紹，關於父母絕對不讓步的部分，只要事先訂出規則，親子之間也就不太會起爭執了。

即便是幼小的孩子，只要他認真思考，一樣能夠明白「如果什麼事都不做，自己會很困擾」這個道理。剛開始的3個星期或許比較麻煩，不過之後孩子就會逐漸養成習慣，用不著父母一一提醒他「快點去做」，孩子也會自行思考與行動。因為實施教練指導時，要形成好習慣至少需要3個星期的時間。

4 培養懂得自我表現的孩子

親子的信賴關係能建立當眾說話的自信

如果要讓孩子敢當眾發表自己的意見或想法，先擁有「敢於表達」的自信，便能奠定一大基礎。這種事只有在家裡才辦得到。

要讓孩子擁有表達的自信，重點就是孩子講話時父母別打斷他、別充耳不聞、別去判斷是否正確，也別強迫孩子接受父母的意見。認真傾聽孩子的意見，能讓他們產生自信。

父母要讓孩子覺得「不管說什麼都沒關係」。原因在於，如果認定自己在進行簡報或演講時，必須講出正確的內容、必須提出高明的意見，反而會緊張而無法自由地表達。正因為有著「無論是什麼意見對方都不會嘲笑，願意認真傾聽」這層信賴關係，孩子才能安心地表達。在培養表達的自信上，這點十分重要。

可在家進行的演講練習與自我介紹練習

此外，平常就要告訴孩子，「發表自己的想法或意見並不是多特別的事，這是很普通且必要的行為」。讓孩子從小練習將想法理個大概再講出來，能夠幫助他打下當眾說話的基礎。各位不妨也在家裡實踐看看吧！

舉例來說，吃飯時訂出主題，例如「今天發生的事」或「今天最開心的事」，讓孩子開口說說看。父母要教孩子陳述更為具體的細節，例如：何時、何地、發生什麼事、對這件事有什麼想法等等。剛開始的時候，孩子也許沒辦法流暢地說明，父母可以藉由提問，催促孩子繼續說下去。

假如孩子意興闌珊，父母也可以試著主動帶起話題。只要敢在父母面前說話，孩子也會習慣在他人面前說話。

另外，等年紀再大一點後，也會遇到需要自我介紹的場合。讓孩子先想好幾種自我介紹的內容也是不錯的方法。例如：自己喜歡什麼事物、擅長什麼事等等，先讓孩子想好各種版本的自我介紹，然後在父母面前練習。

自我介紹的時候，加入較為具體的內容成效會更好。舉例來說，如果只簡短講一句「我喜歡踢足球」的話很難讓人留下印象，若是改說「我非常喜歡踢足球，每個星期日都在社區足球隊裡踢球。我的位置是前鋒，目前正在練習射門，希望可以踢得更準一點」，具體將「喜歡的事物」、「擅長的事」、「想要努力的目標」等等加進來擴充介紹的內容，聽者就更容易留下印象了。

只要父母協助孩子練習，讓他逐漸習慣，孩子應該就不會再覺得當眾說話很困難了。畢竟平常就在做這種事，孩子早就習慣了。

讓孩子從小就接觸各式各樣的人物

父母要讓孩子接觸各式各樣的人物，這點也很重要。在我們家，我和老公都要工作，因此女兒從小就會跟著我們去全是大人的地方。我認為女兒在那些地方也學到了不少東西，例如基本的問候與禮儀等等。

尤其我從事的是藝術相關工作，經常要見客戶與藝術家等人種與經濟階層各異的人物。當中有富人，也有為明日的食物或房租發愁的藝術家，我還曾讓其中幾人住在我們家，並提供他們創作場地。我認為與這些背景各異的人物接觸及對話，也為女兒帶來了很大的影響。孩子固然需要跟其他的孩子玩耍，但跟大人交談也是能讓孩子大幅成長的好機會。

話說回來，據說日本人的協作力十分優異，很善於跟他人合作解決問題。

在經濟合作暨發展組織（ＯＥＣＤ）於２０１５年實施的ＰＩＳＡ（國際學生能力評量計畫）中，「協作式問題解決能力調查」這個項目，日本在32個ＯＥＣＤ加盟國中排名第一。這項結果反映了日本人謙虛、協調性佳、有禮貌、重視和諧的民族性吧。人無法獨自生存，一個人能做的事也很有限。在沒有正確答案的複雜世界裡，與他人互助合作面對問題的能力是不可或缺的。

不過，日本至今幾乎是由單一民族所構成的，因而形成了一個無須多言也能互相理解的社會。大部分的人都是在相近的環境下生長，所以共感力也非常強。

可是，未來日本有可能要接納比現在還要多的外國人。

今後當許多海外人士來到日本時，日本人能夠發揮多少協作力與共感力呢？我認為這是日本未來的一大考驗。

當自己能與生長環境不同的人、價值觀不同的人，為了同一個目的聯手合作時，應該就能達成更高的目標吧。

因此重點就是，平常要與各種背景的人物交流。父母的觀念對孩子有很大的影響，如果父母心懷歧視對某個人存有偏見，孩子也會承襲父母的想法吧。反之，如果父母展現接受各種人物的態度，則能幫孩子打下在更寬廣的世界裡翱翔的基礎。

不過，有些孩子比較靦腆怕羞。面對陌生人時，他們總會出於防衛本能而感到緊張。

這種時候，父母可以先向孩子介紹待會兒要見的是什麼樣的人物。「仔細的說明」在任何時候都是很重要的。即便是大人，突然要跟陌生人見面也是會緊張的，不過事前若有說明，就能做好一點心理準備吧。

此外，就算孩子有點害羞，只要他能看著對方的眼睛講出該講的話，例如打招呼與應答，那就沒問題了吧。

也許有些父母會想要矯正孩子的內向個性，但我認為沒有這個必要。雖然美國給人重視外向者的印象，不過各位知道嗎？其實現在，內向者所蘊含的能力可是備受矚目。

美國暢銷書《安靜，就是力量：內向者如何發揮積極的力量！》（蘇珊・坎恩著）指出，微軟創辦人比爾・蓋茲、前美國總統巴拉克・歐巴馬、知名投資家華倫・巴菲特、因相對論而聞名的阿爾伯特・愛因斯坦博士、印度獨立之父聖雄甘地等等，他們都是文靜愛思考的內向者，而他們所蘊含的力量改變了世界。

我本身也有著內向的一面（不少人聽了都很驚訝），個人非常喜歡寫書以及在家裡放空沉思一整天，不太喜歡連日參加社交派對。

之前見過許多親子，我發現內向的孩子大多有耐心與專心之類的優點。

比起矯正自家孩子的不足之處，發展孩子的長處更加重要。關於這個部分我將在第5章詳細說明。

避免使用否定的表達方式

跟孩子對話時，也有可能發生孩子的意見明顯錯了的情況。這種時候，不要直接批評「你錯了！」或「這樣不行啦，你根本就不懂」，應該先回答「我明白你的意思了」，肯定孩子的發言。父母要先詢問「為什麼這麼想」，了解孩子的思考過程，再肯定孩子自行思考這一點，然後協助孩子找出其他的方法。例如：「我認為這也是一種做法，不過除此之外還有什麼方法呢？」，只要像這樣引導孩子自行找出正確答案，便能適當地提升孩子的自信。有了適當的自信後，孩子就敢表現自己，即使自己的意見或想法遭到否定也不會受傷，能夠坦然接受他人的指摘。

在討論過程中如果自己的意見遭到否定，有些人會覺得是自己本身遭到了否定，但自己與他人的想法或意見，終究只是其中一種想法或意見罷了。有人持反對的想法或意見也是很正常的吧。

即便自己的意見遭到否定，這也不代表自己本身遭到了否定。若要讓孩子具備這種觀念，平時就要透過對話培養適當的自信。

前述的研究調查也指出，當孩子做壞事時，父母絕對不能否定、批評孩子的人格，例如：罵孩子「真是個沒用的孩子！」或者「你是壞孩子」等等。

父母應該針對孩子做的事，也就是單純針對「行為」去糾正孩子。如果成長過程中經常遭父母否定人格，這個孩子就很難擁有適當的自信了。因此不管父母有多生氣，都絕對不要對孩子說出否定人格的話。

只要一再進行溫和有禮的言語互動，孩子就能改掉易怒、愛插嘴之類的毛病吧。此外，孩子應該也能學到自制力、靈活性、共感力與社會性才對。

父母並非萬能，有時也會犯錯

如同前述，對話的基礎就是建立彼此之間的信賴關係。如果少了信賴關係，孩子就無法安心地在父母面前表現自己。如此一來，孩子也很難培養出當眾表達的能力與自信。

因此，當我自己做錯事情時，我也會老實向女兒道歉，並且發誓不會再犯同樣的錯誤。

父母在意自己的威嚴與面子，不向孩子道歉的情況時有所聞。可是，孩子會尊敬做錯事卻不道歉的父母嗎？孩子也是從小就仔細地觀察著父母，所以他們分辨得出什麼事是錯的、是不對勁的。如果父母平常的言行不一致，孩子便會覺得矛盾吧。犯錯的時候，要做個不怕丟臉的父母。

假如父母不承認自己的錯誤，孩子也會長成同樣的人吧。也就是說，會培養出即使做錯了事，也不會承認自己的錯誤並道歉的人。這代表孩子缺乏承認錯誤並改過自新的自信。在這種狀態下，非認知能力是不可能有所長進的。

此外，父母並非萬能，如果辦不到某件事就要老實承認，這點也很重要。這種事必須具備自我肯定感，肯定真實的自己才能做到，而這份自信一定會傳染給孩子。在我們家，如果在物理上或金錢上有困難，我們不會用謊話或冠冕堂皇的理由來搪塞孩子，一定會老實說明「為什麼沒辦法做到」。此外，我們也不會單方面地以「不行」、「沒辦法」來結束話題，而是跟孩子一起思考有無其他的替代方案。

舉例來說，我女兒曾經有段時間很想擁有弟弟或妹妹。

當時，女兒周遭的朋友大多都有兄弟姊妹，所以她才會冒出這個念頭吧。這個時候，我也是盡量仔細地跟女兒說明。

「媽媽也覺得，如果再多一個孩子的話應該會很快樂。可是，媽媽很想盡情地陪妳玩，而且還有工作要做，如果多了一個孩子，跟妳相處的時間以及工作的時間一定會變少，這樣一來媽媽就會手忙腳亂。不過，雖然媽媽沒辦法再生個弟弟或妹妹陪妳，如果是結交更多的朋友，這種事媽媽就能大力幫忙喔。妳覺得怎麼樣呢？」

於是，女兒立刻回答：

「既然這樣，我想要養狗！」一時間我講不出話來。其實我小時候被狗咬過，所以非常怕狗。

不過，雖然我沒辦法再生個孩子陪她，養狗的話或許勉強辦得到。於是我先告訴女兒，媽媽因為被狗咬過所以很怕狗，然後這麼說：

「雖然媽媽非常怕狗，但會試著努力適應的，給我一點時間吧。」

之後，我嘗試觸摸朋友家的狗狗、跟狗狗一起玩，一步步地努力減輕自己對狗的恐懼。

花了大約1年的時間，狗狗才終於住進我們家。女兒和老公就不用說了，那個時候我已經變得非常喜歡狗了，因此能夠熱情地歡迎牠。如今我真的很慶幸自己當時答應女兒養狗。現在的我是個不折不扣的愛狗人士，狗狗也成了我們家的重要成員。

孩子提出的要求不照單全收，讓孩子知道父母也有辦不到的事，這在提升孩子的共感力上應該不是件壞事。畢竟一生當中，鮮少能遇到如自己所願的完美狀況。

另一個重點是，假如這個辦法行不通，要試著跟孩子一起思考替代方案。這麼做能幫助孩子提升靈活的因應能力與想像力。

我認為，讓孩子看到父母盡力達成要求的樣子也很重要。每個人都有自己辦得到與辦不到的事，不過有時只要換個方式，就能做到本來辦不到的事。我認為全家人合力達成目標，也是一種很重要的教育。

女兒的耐心交涉改變了我們家

帶著自信理性表達自己的想法，也能培養出優秀的交涉技巧。我就是從女兒身上學到理性交涉術的，這麼說一點也不為過。

舉例來說，自女兒4、5歲時起，孩子們就常會到彼此家中住一晚，但對當時的我而言，這卻是個非常令我頭痛的活動。女兒到朋友家住一晚是無妨，但我不喜歡她把朋友找來家裡。

因為我很擔心別人會說：「他們家的媽媽是日本人，所以跟美國人的家庭不一樣。」其實根本沒有這種事，但當時的我缺乏自信，所以莫名覺得恐懼，不敢招待別人來我們家。

不過，那個時候女兒卻非常有耐心地，嘗試說服情緒性地回答「不行」的我。

女兒說，朋友特地邀請自己去他們家住一晚，我們家卻不邀請對方的話，以後就再也沒有人會邀請她了。除此之外，女兒也向我說明，她覺得在朋友家住一晚有多好玩、對孩子而言這是多麼重要的活動……。

女兒的意見確實是對的。對方邀請自己，自己也要邀請對方，這是禮貌。面對這個合理的意見，做父母的必須讓步才行。因為我認為，當對方是正確的時，如果我單憑自己的心情加以拒絕，就違反了「成為須負責任的家庭一員」這條家庭規則。而且，我也擔心這種自信匱乏會傳染給女兒。於是，我答應女兒邀請朋友來家裡過夜，條件是1個月最多1次，只能邀請雙方媽媽都很熟識的朋友，1次最多邀請2個人。

說明清楚原因後，女兒也理解了，並且接受我的妥協方案。由此可見，有邏輯思維與適當的自信支持的自我表現力，能夠實現高超的交涉術。

孩子還小時就別放過對話的機會

如果父母能夠認真傾聽孩子的意見，孩子便能安心地說出自己的想法。如此一來，孩子不僅能養成自行思考的能力，父母肯定自己的意見一事也能帶來很大的自信，雙方的信賴感也會增強。另外，無論好事還是壞事，如果父母也能誠實表達自己的想法，孩子就能愈來愈放心地表現自己。

在我們家，無論什麼事我們都會說明自己的心情。為什麼會這麼認為？對於這件事有何感想？雖然不知道能否完全瞭解彼此的想法，但我還是希望能盡量去瞭解。我們就是透過對話的方式，互相妥協讓步的。這麼做能培養高階溝通能力所不可或缺的共感力。

換個角度來看，這同樣是很麻煩的做法，但想要提升孩子的思考能力與非認知能力就不可缺少這項作業。思考能力與堅強的心靈並不是一下子就能養成，而是需要花時間一天一天地累積。

重要的是，這是任何時候、任何家庭都做得到的事，而且完全不必花錢。正因為是任何人隨時都能做的事，在孩子還小時就要掌握每一個對話的機會，這點很重要。而且，如果不是情緒性對話，而是理性對話，效果就更好了。

父母若是居高臨下地強迫孩子「必須這麼做」，不僅雙方都無法瞭解彼此的心情，孩子的思考能力也不會成長。再者，父母也無法真正瞭解自己的孩子吧。這樣一來，父母就沒辦法提供充足的支援，幫助孩子培養非認知能力。父母與孩子的對話方式，大大影響了孩子的思考能力與非認知能力。培養能力的祕訣並非金錢，而是勞力、理性、習慣，如此而已。

第3章重點

- 父母對孩子說的話量，大大影響了孩子日後的學力。
- 當孩子問「為什麼？」時，反問他「你認為是為什麼呢？」可提升思考能力。
- 對孩子提出無法用Yes或No回答的開放式問題。
- 詢問孩子「換作是你會怎麼做？」，幫助他導出答案。
- 如果唸書給孩子聽，孩子通常會擁有豐富的詞彙，算數能力也很強。
- 父母的否定話語會壓抑孩子的能力。
- 誇獎孩子時，誇獎他的努力而非能力，可提高自我肯定感。
- 清楚說明理由，能提升孩子的自制力。
- 先訂出「今天發生的事」之類的主題，再跟孩子交談。
- 先讓孩子想出幾種自我介紹，孩子就有自信開口說話。
- 父母若是犯了錯也要道歉。

第4章

玩耍

提升問題解決能力的最大機會

對孩子而言，玩耍跟氧氣一樣重要

請問你幼稚園或小學時代的快樂回憶，都是什麼樣的內容呢？跟朋友玩到忘我、認真進行某件事的時光、跟家人一起旅遊的回憶……相信大家都有著各式各樣的回憶，不過對孩子而言，玩到忘我的時光應該是最難以忘懷的吧？

據說近年來，日本兒童的玩耍時間大幅減少了。許多研究結果皆指出，幼年時期若是透過玩耍培養社會性與情商，會比硬記知識更容易獲得成功的人生。

舉例來說，身為美國的「玩樂研究所」創辦人，亦是內科醫師與精神科醫師的史都特・布朗（Stuart Brown）博士，曾針對6000名兒童進行玩耍與成長的調查，最後得到的結論是「玩耍能在各個方面帶給人良好的影響」。

布朗博士表示，玩耍可提高大腦的靈活性與適應性，讓人變得有創造力。研究發現，玩耍「跟氧氣一樣，都是人類不可或缺的東西」，人是透過玩耍來學習共感力與倫理觀等社會性的。

從幼年時期開始就經常玩耍的孩子，其自行發現問題、自行思考與行動的能力十分優異。

近年來，神經生理學、發展與認知心理學、演化生物學、分子生物學等各種領域也都在進行有關人類與玩耍的研究，這些研究結果均顯示，玩耍對人類而言有多麼重要。

日本也有進行同樣的調查。

御茶水女子大學的內田伸子名譽教授（發展心理學）等人，曾針對孩子已是20幾歲社會人士的1000名監護人進行問卷調查，關於「在學齡前的教養上特別留意的事」這個題目，孩子考上偏差值68以上的「難關大學（譯註：即很難考上的頂尖大學）」的監護人當中，有35・8％的人回答「讓孩子盡情玩耍」。至於其他的監護人，回答「讓孩子盡情玩耍」的比率只有23・1％。

此外，「難關大學」錄取者的監護人當中，有24・1％的人回答「讓孩子專心去做喜歡的事」，反觀其他的監護人，只有12・7％的人這麼回答。

也就是說，如果上小學以前能夠盡情玩耍、專注於喜歡做的事，考上「難關大學」的機率以及學業成績有可能比較高、比較好。

當然，人生的目標並不只是考上好大學而已，但我們應該可以說，一定會找時間玩耍的人，達成目標的可能性比較高。

賓州庫茨敦大學（Kutztown University）的初等教育專家——蘇珊・米勒（Susan A. Miller）教授表示，孩子天生就是透過玩耍來學習問題解決能力的。

舉例來說，未滿1歲的嬰兒會在碰觸發聲玩具的同時，學習「自己做了某事後，會發生某個結果」這層關聯性。嬰兒常常會舔自己的手腳，這也是玩耍的一環。

到了2歲左右，孩子開始運用記憶力來玩耍。之前孩子都是亂敲亂打，接下來他們逐漸開始玩起模仿他人的遊戲。他們會觀察並記住別人的行為，然後在模仿那個人的過程中，學到「該怎麼做自己才能做到這件事」，也就是解決問題的手法。

對嬰兒來說，父母對自己的動作有反應並露出笑容也是一種遊戲。周遭對自己的行為產生反應，並且共享這個行為，可提高孩子的認知力。

跟朋友玩耍也需要規則吧？例如：按照順序輪流玩玩具，或是玩「扮家家酒」時扮演某個角色、互相讓出想扮演的角色、輪流扮演角色等等，大家都必須遵守眾人制定的規則才行。這正是一個小小的共同體。

孩子就是在玩耍的同時，有時則是在吵架的同時，學到遵守規則的重要性。在這段過程中，孩子也會培養出體貼他人的心與共感力。

此外，跟朋友和睦地玩耍這項行為，若是得到父母或老師的誇獎，也可以提升自我肯定感、幸福感與滿足感。

不玩耍的孩子容易犯罪

如同前述，人是透過玩耍來學習各種非認知能力的。此外也有研究指出，幼兒時期不玩耍的孩子，將來成為犯罪者的可能性偏高。

1967年，大衛・韋卡特（David P. Weikart）教授等人在密西根州的貧困地區，針對3組兒童調查玩耍與學習達成度的關聯。

第一組是「玩耍為主」的傳統托兒所；第二組是大人會稍微介入的托兒所；第三組是「知識為主」的托兒所，以寫練習題與考試等方式實施早期教育。

此外也指導父母，在家面對孩子的態度要跟各自的托兒所一樣，接著調查之後的學習達成度。最後得到的結果，跟其他同類型的調查差不多。

第三組「知識為主」的托兒所孩子起初占了優勢，但跟另外2組的學力差距很快就消失了。

另外，這項調查的特別之處在於，他們對這些孩子進行長期且多方面的追蹤調查，一直追蹤到15歲與23歲為止。

到了這個年齡後，知識的學習達成度已看不到太大的差異。但是，社會性與情商卻有很大的不同。

令人驚訝的是，第三個「知識為主」組的人15歲以前做出不當行為的機率，居然是其他2組平均值的2倍。

另外，「知識為主」組的人，23歲以前成為犯罪者的機率高達39％，即三分之一以上的人都成了犯罪者。另外2組的平均值為13．5％，相較之下前者的機率高出3倍左右。

腦科學等領域也有研究結果指出，幼兒時期並未充分玩耍，而是接受早期教育、偏重智育的孩子，容易在很早的時期喪失學習意願，或是精神方面容易不穩定等等。

父母或許是想盡量替孩子多增加一些未來的選項，才讓孩子接受早期教育（即所謂的填鴨式教育），但教育的內容與程度若是不合乎孩子的能力與年齡，孩子會感到很大的壓力。

雖然孩子很努力地想要迎合父母的期待，但要是克服壓力的能力還不成熟，就有可能在不知不覺間累積壓力。長年累積這種壓力，有可能會導致精神不穩定、容易發怒、學習意願低落等問題。

孩子們一同玩耍的重要性

或許是有鑑於這些研究結果的關係，近年來美國似乎有愈來愈多的父母積極讓孩子玩耍。

舉例來說，美國有安排「遊戲約會（Play Date）」的習慣，這是讓孩子們一同玩耍的時間。美國禁止12歲以下的兒童單獨外出，因此家長們都會互相聯絡，安排玩耍的地點與時間，而孩子們就在父母的陪同下一起玩耍。

我家女兒2歲時，都是去附近的媽媽們經營的遊戲社團玩耍。孩子們在老師的看顧下，每天早上9點到12點大家一起唱歌、跳舞、看書、做勞作、玩玩具等等。

本來以為這樣就結束了，沒想到連吃完午餐後的下午時間媽媽們也都約好了，繼續到公園或某個人家裡進行遊戲約會。看到她們為孩子安排了這麼多的玩耍時間，我不僅感到訝異，也認識到玩耍就是如此的重要。

即使女兒開始上學了，我依然很重視玩耍的時間。

女兒的學校說「小孩子的工作就是玩耍」，孩子們在學校過得非常快樂，讓人分不清他們到底是在上課還是在玩。學校也鼓勵孩子放學後留在校園裡玩耍，因此許多學生放學後仍在校園裡遊玩，有時父母也會陪孩子一起玩。

我們家也是，1週會安排幾次機會讓女兒放學後跟朋友玩耍。

由於我跟媽友們建立了這樣的關係，也熟識各自的孩子，當彼此工作忙碌時，大家也能輪流看顧孩子。

此外還能互相交流育兒資訊，建立媽友圈真的是好處多多，不過家長之間的聯絡，主要目的只是為了「讓孩子玩耍」而已。媽媽們之間的交流非常單純，讓我覺得非常舒適自在。

那個時候，我偶爾也會擔心「讓孩子玩得這麼多真的不要緊嗎？真的不必讓孩子多念點書嗎？」，但事後想想，比起讓女兒提前背熟遲早能學會的九九乘法，能夠多看一次女兒的笑容，對我而言是更大的寶物。因為女兒發自內心的笑容，帶給我許多的幸福與自信。

蒙大拿州立大學的某項研究指出，孩子的大腦有75％的部分是出生後才開始發育的，而玩耍有助於大腦的發育。

這是因為，玩耍是很快樂的、自發性的行為。對某個東西感興趣或是關注時，以及快樂玩耍時，孩子會發揮很大的專注力。他們也能透過玩耍，學會之前做不到的事。這種時候，孩子能學到問題解決能力、完成某事的執行能力、與周遭合作的協作力、從失敗中學習的韌性等非認知能力。

正因如此，父母無論如何都應該努力擠出許多時間陪孩子玩耍。

在外玩耍是孩子的大腦發展所不可或缺的元素

不光是孩子，大人也需要玩耍。如果欠缺「享樂」（輸入），只有「勞動」（輸出）的話，人就會疲憊不堪。

我也是每週一定會刻意安排玩耍的時間，例如：陪愛犬玩、觀看喜歡的電影，夏天就跟朋友或家人打網球、到海邊駕駛小帆船。

在英國留學時有件事很令我吃驚，那就是英國民眾都會安排玩樂日。他們將8月的第一個星期三訂為「國民玩樂日（UK Play day）」，雖然這天不是假日，但大部分的英國民眾都會在全國各地從事遊樂活動。

戰後日本的學校教育偏重背誦、計算等知識的灌輸，英國也是一樣。尤其在1970年代，倫敦的公立學校逐漸縮短玩耍與美術課、體育課的時間。

不過，有些教師對於這股重視學力的風潮十分憂心。於是，這幾名教師便發起了這個活動。起初只有幾名教師舉辦，之後一下子就流傳開來，如今成了一個全民活動，全國各地的大人與小孩都會一起拔河、遠足或舉辦運動會玩在一塊。

另外，在外玩耍是瞭解自己身體能力的最佳機會。用全身去感受，做什麼樣的事、做到什麼程度會有危險，便可知道自己的極限。孩子即是透過玩耍，自然而然學到預測與回避危險的能力，以及對付風險的方法。

除此之外，日本的某項研究指出，常有機會在大自然中玩耍的孩子，其自我肯定感通常比較高。盡情活動身體後，大腦就會分泌多巴胺與血清素，這些又稱為幸福荷爾蒙。據說這種荷爾蒙能使人充滿正面情緒，並且增強身心的回復力。

在我們家，由於我老公非常喜歡運動，孩子還小時他就常讓她在外面玩耍。當女兒還是個嬰兒時我們就常帶她出去散步。

2歲時女兒開始學溜冰，3歲起則開始學滑雪與直排輪。另外，喜歡園藝的老公也會拿著大鏟子，跟拿著小鏟子的女兒一起「拈花惹草」。

3、4歲時，因為女兒開始上學了，在外玩耍的機會變得更多。校園與附近的公園是她經常玩耍的地方。在我們家，即便是假日也不會專程跑去遊樂園之類的場所，因為身邊就有許多可以盡情遊玩的地方，例如：在自然環境中郊遊、在公園吃午餐、在公園的水池裡乘船等等。

可惜的是，最近日本兒童在外遊玩的機會似乎愈來愈少。經營兒童足球學校的Coerver Coaching Japan股份有限公司，曾在2017年7月針對287名小學生家長調查「孩子度過課後時間的方式」，其中有高達92・0%的家長認為，現在的小學生在外玩耍的機會比自己小學時還要少。

至於原因，第一名是「室內遊戲豐富多元」，例如：電玩與卡牌遊戲等等；第二名是「公園的規定變得嚴格」，例如：禁止玩球或禁騎腳踏車等等；第三名則是

「忙著學才藝」。

這項調查指出，玩耍環境與孩子度過課後時間的方式之變化，是造成在外玩耍機會變少的兩大因素。

可是，在外玩耍也是一個讓孩子體驗失敗的好機會。

在玩耍的過程中，失敗並非失敗，它可成為讓孩子摸索如何做得更好的機會。當孩子玩得不亦樂乎時，即使做得不好孩子也不會覺得自己失敗了，恢復的速度也很快。只要累積這種經驗，孩子便能學到各種身體能力與技能，也會擁有回避魯莽風險的智慧。如此一來自我肯定感與自信等非認知能力就會提升。

女兒年紀還小時，我也都盡量不使用「危險」這個字眼。孩子若聽到父母說「滑梯很危險」，便會把滑梯視為危險的東西。父母說的話會給孩子設下「界限」。總是趕在孩子之前排除危險事物、過度保護孩子的父母，其實是在奪走孩子自行學習的機會。

最近似乎也有不少公園或遊戲場，地面採用柔軟的材質，打造出孩子就算跌倒也不必擔心的環境。其實孩子應該在這種環境下跌撞磕碰，提升自己的身體能力，自然地面對自己的「界限」。如此一來孩子就能認識自己，接受真實的自己，繼而提升非認知能力。

對父母或監護人而言，區分真正危險的地方與不危險的地方，考量孩子的安全，選擇可以盡情活動身體的環境，也是一件很重要的事吧？

幾種可提升問題解決能力的遊戲

問題解決能力是指，正確認識問題，以最大、最合適的方法適當解決問題的能力。如果我們具備能有效率地解決問題的能力，這當然是一件很棒的事，但遺憾的是，世上並沒有可解決所有問題的萬能方法。每一次我們都必須先釐清問題是什麼，再以適合的方法去挑戰。另外，解決問題也會伴隨某種程度的風險。

我認為，問題解決能力應該可以分成以下五大類。

①以邏輯觀點正確認識問題是什麼、有什麼風險的能力

②跟夥伴合作的能力以及溝通能力

③靈活運用知識與資訊的能力

④預測及因應風險的能力

這些能力也可透過幼年時期體驗過的遊戲來培養。這裡就從我女兒實際體驗過的遊戲當中，挑幾個特別值得推薦的來介紹。

⑤執行能力

●圖板遊戲

我家女兒從小就經常玩遊戲。如果是小學以上的孩子，也很建議玩撲克牌、黑白棋、UNO之類，多人一起同樂的桌遊或圖板遊戲。

電玩只能一個人或跟少數幾個人一起玩，反觀圖板遊戲則是多人一起同樂。這種遊戲就是大家開開心心地一邊聊天，一邊運用自己的策略來爭取勝利。此外也可以學習別人是用什麼方法獲勝的吧。

由於要動用理解「規則」這項知識並加以運用的能力、擬訂策略的邏輯思考力、根據狀況做出判斷的能力、「虛張聲勢」之類的心理戰，所以也必須具備溝通力、表達力、預測風險的能力、控制情緒的自制力與社會性。

這些非認知能力都能從遊戲當中學習。

順帶一提，在我們家，即使現在女兒已經上大學了，我們還是會一起玩撲克牌之類的遊戲，不過輸家大多是我。抱怨「每次都是你們兩個贏，真不公平」的人也大多是我……起初是為了陪孩子才玩遊戲，但有時反倒是大人自己玩得入迷忘我。親子同樂時間，對孩子而言也是一段很寶貴的時光吧。

●自行規劃與執行慶生會的節目

美國的家庭也常會舉辦孩子的慶生會，不過形式跟日本有點不同。

首先，由於交換禮物會反映出經濟上的差距，也有可能造成孩子的負擔，美國家庭大多不會做這種事。不過，他們會自行規劃有點特別的節目來同樂。

我女兒的慶生會也是準備了各種節目，令我印象特別深刻的是小學五年級時的慶生會。當時我們準備了布塊和碎布、剪刀和膠水、訂書機等物品，還向朋友家借了半身假人模特兒，讓孩子們親手製作衣服再舉行時裝秀。

孩子們隨自己的想法剪布，或纏或貼，各自動手製作喜歡的衣服，2個小時後完成了許多美麗的服裝，上演一場華麗的時裝秀。最後大家穿著做好的衣服一起吃蛋糕，當時孩子們神采奕奕的表情令人難以忘懷。

3歲時的生日派對，我們以《三隻小豬》的繪本為劇本，讓孩子們扮演當中的角色，簡單地演了一場戲。

5歲時則請來遊戲班老師，帶著孩子們一邊演戲一邊玩遊戲。

女兒七年級時，因為要到日本留學一年，我們在她出發前辦了一場送別派對。當時我請來從事DJ工作的朋友，舉辦了一場盛大的舞會。

跟朋友一起愉快地規劃、完成某個節目，對女兒而言似乎是一段難以忘懷的回憶，對我們家人而言這也是很美好的回憶。

●義大利麵塔

這是我們跟孩子一起參加史丹佛大學的體驗營時所玩的遊戲。4個人組成1隊，使用尚未煮過的義大利麵條、繩子與膠帶，在20分鐘內搭建一座能自行站立的塔，看看哪一隊能夠搭建出最高的義大利麵塔（頂端要能放上1顆棉花糖，這遊戲又稱為「棉花糖挑戰」）。

我們參加時共分成5隊，結果我們大人組成的隊伍成績最差，孩子組成的隊伍則造出最高的義大利麵塔。

大人隊往往考慮太多問題，例如：「一開始要先搭好底座，不然會倒掉」、「重點必須放在下面」等等，動手的時間反而很少。換句話說就是「光說不練」。

反觀小孩隊，他們不怕失敗一再地試錯摸索，實際動手的時間比動腦的時間還多。發想力也是孩子們比較優異。

大人一定是認為「必須做得正確才行」吧。反觀孩子則能樂在其中，不斷地挑戰。遊戲就是有這樣的力量。

這個遊戲很簡單，只要準備尚未煮過的義大利麵條、繩子與膠帶即可，各位可以在家裡2人1組進行比賽，總之一定要試試看。

●做菜

如果能樂在其中，做菜也可以成為一種遊戲。

大概在女兒3歲的時候，某天我們一起看的繪本裡出現了「Oatmeal」這個單字。當時我不知道「Oatmeal」是什麼，便跟女兒一起查辭典，結果查到的解釋是「燕麥」，但我依然不曉得這是什麼東西。

於是，我到超市買了燕麥，然後跟女兒一起吃吃看。但是，坦白說不怎麼美味。後來我們一起摸索嘗試各種烹調方式，例如：加點牛奶看看、加入砂糖看看、煮久一點看看……等等，當時女兒的表情是前所未有的快樂。母女倆一起開開心心地做菜，這其實也是不折不扣的遊戲。

另外，我們家規定星期日由女兒準備早餐，因此這算是一項工作，但對熱愛做菜的她來說也算是一種遊戲。

不過，因為當時女兒年紀還小，我事先制定了規範，讓孩子能夠安全地進行所有作業。如同前述，在女兒就讀小學的期間可以使用菜刀，而火有危險性，所以不能用。我請她準備能在這個條件下製作的早餐。女兒也想了很多點子，在限制範圍內花心思做出各種早餐，例如：三明治、沙拉、用鬆餅機製作出來的鬆餅、以水果製成的甜點等等。

若是覺得危險而什麼事都不讓孩子做，那可就浪費了教育的機會；如果父母一直在旁邊看著，孩子也不會有獨力完成的成就感。打造讓孩子快樂又安全的環境是很重要的。

當我工作忙碌而無法去買菜時，就會反過來利用這個狀況，進行「這些食材可以做什麼料理的遊戲」。我先把冰箱裡的食材拿出來擺在桌上，接著跟女兒一起思考「這些食材可以做什麼料理？」，然後再一起做晚飯。

使用很少的食材花心思製作料理，也能培養思考力與協作力。最重要的是，還能把逆境當成遊戲樂在其中。

這也是很推薦大家的做法。就算配菜不多，也用不著跟孩子道歉：「對不起喔，今天的菜色很樸素。」因為孩子在面對不同以往的狀況時，意外的很能樂在其中。

運動的效用

我們全家人一起體驗過各式各樣的運動。例如：溜冰、滑雪、打網球、做器械體操、游泳、駕駛小帆船、騎馬、打籃球、踢足球、打草地曲棍球、打高爾夫球、溜直排輪、玩彈跳床、衝浪、玩風浪板……等等。

我本身除了網球以外，其他運動都不拿手，不過老公和女兒都熱愛運動，因此我反而有機會挑戰各種運動。駕駛小帆船、騎馬、玩風浪板等運動或許給人要花不少錢的印象，但在美國卻不必花大錢就能體驗。

尤其是駕駛小帆船乘著風在水上滑行，最適合用來提升孩子的問題解決能力。女兒是在就讀小學時開始從事這項運動的。船並不會筆直前進，連要往自己想去的方向都非常困難。有時船會被風帶走，有時則險些翻船……駕船者不只要靈活運用身體保持平衡，也得動腦思考並掌握風向，還要跟共乘者互助合作，否則船不會往想去的方向前進。這是最適合用來提升非認知能力的運動。

另外，我之所以讚賞運動，是因為無論是誰都一定會有輸掉的時候。孩子是透過「輸」這件事，學會「從失敗中振作起來」這項人生中最重要的非認知能力。父母往往凡事都做好十二分的準備，為孩子鋪好人生之路，因而減少了孩子面臨失敗的機會。運動一定會有輸掉的時候，這正是培養能力的重要機會。

運動還有一個很大的好處。

那就是「運動一定有規則」。必須遵守規則，運動才得以進行下去。

其實，這點跟社會生活是一樣的。透過運動養成尊重規則的態度，非常有助於培養社會性這項非認知能力。

運動也是技術的修練結果，實際做了以後熟練度便會有所不同，感覺得到自己有所進步。昨天還辦不到的事，到了今天就辦得到了。由於技術的學習與進步，不僅眼睛看得到，身體也能夠感受到，這同樣能夠提升自我肯定感、滿足度、幸福感與自尊心。

這些也都是培養非認知能力所不可或缺的元素。

孩子的工作是玩耍。而孩子的非認知能力，就是在這個過程中培養出來的。因此我認為，如果要增加玩耍的時間，父母陪孩子將各種事變成遊戲一同樂在其中是非常重要的。做菜不是義務，而是嘗試未知食物的冒險；接送做運動的孩子不是麻煩的作業，而是規劃路線的遊戲；打掃也是一種測試何種做法最省事的遊戲。像這樣試著跟孩子一起把「工作」變成遊戲，我認為也是一種享受育兒樂趣的方法吧。畢竟孩子可是能把任何事都變成遊戲的天才，他們一定會想出許多好玩的遊戲。要是有時間寫練習題，還不如去捏泥巴。請一定要試試波瓦爾的教養方式，相信你會經常看到孩子的笑容。

第4章重點

✧ 玩耍可提高大腦的靈活性與適應性，讓人變得有創造力。

✧ 如果在學齡前盡情玩耍、專注於喜歡的事，就有可能提升學業成績。

✧ 孩子是在玩耍的過程中培養自制力與共感力的。

✧ 受過早期教育而偏重智育的孩子，精神方面較容易不穩定。

✧ 在外玩耍能提高孩子的身體能力、活化大腦活動、提升非認知能力。

✧ 常有機會在大自然中玩耍的孩子，自我肯定感通常比較高。

✧ 幼年時期體驗過的遊戲可提升問題解決能力。

✧ 運動一定會有輸掉的時候，因此可提升從失敗中振作起來的韌性。

第5章

接受孩子與自己

為了培養自我肯定感與韌性

自我肯定感極低的日本孩子

「有時會覺得自己是個沒用的人。」

在國立青少年教育振興機構，於2014年針對日本、美國、中國、韓國的高中生實施的意識調查中，做出這個回答的日本高中生高達72・5%，是4個國家當中比率最高者（韓國為35・2%，美國為45・1%，中國為56・4%）。

看來日本的高中生，比其他國家的高中生還要缺乏自信。

可是，在學力調查上他們一向名列全球前幾名。

舉例來說，OECD的PISA（72個國家與地區的學習到達度調查），是一項評量已完成義務教育的15歲青少年擁有多少學力的測驗。而在2015年的最新調查中，日本的「科學應用能力」排名第二，「閱讀能力」排名第八，「數學應用能力」排名第五。綜合評價也很高，每次調查都是名列前茅的日本孩子，學力可說是全球數一數二的優秀。

然而，為什麼日本的高中生都缺乏自信呢？

不消說，謙遜與謙讓這種日本文化當然也是影響因素之一吧。可是，從前述調查的其他題目來看，日本高中生的自我肯定感全都很低。

「我很滿意我自己」：45・8％（最後一名／第一名的美國為86・0％）

「我擁有一般水準的能力」：55・7％（最後一名／第一名的中國為90・6％）

這正是現今日本孩子所面臨的問題吧。明明有學力，但半數以上的孩子卻不滿意自己，更有7成以上的孩子表示，有時會覺得自己是個沒用的人。跟其他國家相比，日本孩子的自我肯定感確實非常的低。

自我肯定感低落的人容易陷入負面思考

自我肯定感是一種能夠認為「自己有活著的價值」，如實肯定自己的價值與存在意義，接受自己好的部分與壞的部分，肯定自己真實樣貌的感覺。

自我肯定感很高的人，能夠主動積極地面對各種事情；自我肯定感很低的人，不僅不會積極採取行動，也沒什麼想要做事的精力，有時還會困在折磨自己的負面想法中。

我在從事生活教練的工作時，也見過許多自我肯定感應該很低的人。自我肯定感很低的人通常有以下的特徵。

■總是在意他人的目光，想事情時往往會跟他人做比較
■如果覺得對方比自己差勁，通常就會瞧不起對方
■缺乏自信，很容易因為他人的話語而受傷
■容易陷入負面思考，有自卑傾向，認為「反正自己就是沒用」
■常在開始做某件事之前就先放棄
■易怒，動不動就批評別人
■非常渴望得到他人的肯定，常常自吹自擂
■不完美不罷休，有時會過度責備自己
■就算被人誇獎，也不會坦然接受

自我肯定感的相反就是「自我否定感」，這是一種「討厭自己，無法肯定自己」的感覺。

自我肯定感低落的原因，一般認為是父母或監護人實施體罰或放棄育兒

（Neglect），但過度保護與過度干涉也可能造成這種情形。

此外也有報告指出，像「你不管做什麼都不行」、「早知道就不生下你了」、「其實我想要的是男孩子（女孩子）」這類否定存在本身的話語，一樣會降低孩子的自我肯定感。

父母的完美主義也會造成很大的影響。如果忽視孩子付出的努力，只看結果並以「必須更加努力才行」、「沒拿到100分就沒有意義」之類的話來否定孩子，就會降低這個孩子的自我肯定感。

另外，拿兄弟姊妹或其他孩子做比較來否定孩子，也會降低自我肯定感。無論孩子會做什麼都不重要，父母應該把孩子視為獨立的個體並且肯定他。原因在於，能夠肯定自己，即是能夠重視自己的存在，這種感覺無法靠「是否比其他人優秀」這種比較獲得。

一般認為自我肯定感的基礎大多在孩子就學以前（6歲之前）形成，在這段幼年時期裡父母對待孩子的方式格外重要。與孩子的言語互動或家裡的對話不多、拿孩子跟他人比較、別人誇獎自家孩子時予以否定……如果生長在這種家庭裡，孩子的自我肯定感應該很難培育吧。

自我肯定感很高的人，能夠勇於面對逆境

反觀自我肯定感很高的人，則擁有適當的自信及不會受挫的心靈，勇於挑戰任何事情。能夠喜歡自己的人並不會過度責備自己，而且會以邏輯觀點看待事物，因此能夠將事物簡單化。

只要自己能夠肯定自己，就不會過度渴望得到他人的肯定，所以也不太會為了他人的話語而動搖。

除此之外，自我肯定感很高的人還有以下的特徵。

□非常想要完成該做的事
□鮮少因煩惱或不安而沮喪。另外，就算沮喪也很快就振作起來
□鮮少情緒化，精神方面總是很穩定
□能夠坦率傾聽他人的意見
□面對工作、學業或訂立的目標，鮮少半途而廢
□即使面臨阻礙，也能有彈性地擬訂對策，並且堅持到底

□能夠坦率表現自己，也能坦率接受他人，因此朋友很多

自我肯定感很高的人不怕挫折與壓力，而且非常想要完成該做的事，因此在學業或工作上容易做出成果。做出成果不僅能獲得成就感，還能累積源自於實力的自信。另外，由於這種人能坦率接受自己與他人，人自然而然就會聚到他的身邊，形成一個良性循環。

女兒就讀的波瓦爾學校所實施的教育，充分考量到提高孩子的自我肯定感這一點，我們家也會留意各種注意事項。

在提高孩子的自我肯定感這個目標上，實在有很多事是家庭能夠做的，或是只要父母多注意一下，孩子就能有很大的改變。接下來就為大家具體介紹吧！

1 實踐篇：在家培養孩子自我肯定感的12種方法

①常與孩子進行言語互動

平常有事沒事就跟孩子進行言語互動，能讓孩子感受到「自己是被愛的」。重

要的是，即使忙碌沒什麼時間，父母也該留意這點，盡量多抽空接觸孩子。

②認真傾聽孩子說的話

孩子說話時，別任由他自顧自地說，要看著他的眼睛認真聽。如果中途打斷孩子的話，或是邊做事（例如滑手機）邊聽，孩子會覺得自己的存在並不重要。父母若是認真仔細地傾聽，孩子便會覺得自己得到肯定，繼而萌生自我肯定感。

③父母不要受到情緒影響

此外，要讓孩子體會到「自己被無、條、件、愛著」，重點就是父母別因自己一時的情緒而改變對孩子的評價。

舉例來說，父母千萬不能指責孩子「你是個沒用的人」，或是當孩子做錯事時責備他「我討厭會做出這種事的孩子」，否定孩子的存在本身。

責罵孩子時，除了不能動手外，也絕對不要情緒化對孩子怒吼。情緒化對孩子怒吼的壞處可以參考第90頁的介紹，當你實在不能不罵孩子時，不要情緒化發洩自己的怒氣，應該平心靜氣地向孩子說明為什麼罵他。

④感謝孩子

「謝謝」是一句肯定他人存在價值的魔法話語。當孩子做了一點好事時（例如幫忙或收拾東西），記得對孩子說「謝謝！你幫了我大忙」表達感謝。父母的「謝謝」，能讓孩子感受到自己幫助了他人、他人需要自己。如此一來孩子便能擁有自己的存在意義。

⑤仔細觀察孩子，經常誇獎他

這是我自己平時觀察日美兩方的孩子所得的感想。一般而言，美國的父母很擅長找出自家孩子的優點。找出優點後，就會在人前大方誇獎自己的孩子。即便是實際上沒什麼大不了的事，他們也會誇張地稱讚孩子，被誇獎的孩子也會露出非常自豪的表情。

一般而言美國的孩子自我肯定感都很高，而且充滿自信，這多半也是受到此種做法的影響吧。

我也仿效這種做法，在養育女兒的過程中經常誇獎她。

如同第93頁的說明，誇獎孩子時，最好是稱讚孩子的「努力」與「努力的過程」，而非「結果」與「能力」。當孩子挑戰某件事並且成功時，父母可以稍微誇張地誇獎他。就算孩子失敗了，也要誇獎他有心挑戰的積極態度，以及他所付出的努力，絕對不能露出失望的表情。

誇獎能讓孩子感受到「自己的存在得到肯定了」。「有人願意肯定付出努力的自己」這股安心感能成為心靈支柱，讓孩子擁有克服失敗，邁向下一個挑戰的勇氣與自信。

另外，在美國，無論是別人讚美自己時，還是別人讚美孩子時，父母都會由衷開心地回答：「謝謝！」

反觀日本是個要求謙虛與謙遜的社會，當別人誇獎自己時，大部分的日本人都會謙遜地說：「哪裡哪裡，我沒這麼好……。」

但是，如果孩子聽到父母說出「這孩子在這方面很沒用」之類的話，即便那不是父母的真心話，年幼的孩子也有可能會覺得「是喔，原來自己是沒用的孩子」。

儘管孩子長到一定的年紀後，便會明白這是父母的謙遜之詞，但如果老是聽到這種話，依然有可能使孩子推翻對自己的肯定。

以前別人誇獎自己或女兒時，我也是謙虛地回答：「哪裡，還差得遠呢！」後來我覺得別人誇獎女兒時，自己謙虛以對是很奇怪的反應，所以才改了過來。

被人誇獎時不要謙虛，應該這樣回應：如果對方是誇獎自己，就回答「謝謝！你也很棒」；如果對方是誇獎孩子，就回答「謝謝！你們家的〇〇也非常努力呢」。因為我發現，無論是誰一定都有1、2個優點，只要找出對方的優點並反過來讚美對方就好。別否定好不容易得到的讚美，只要同樣以讚美回應對方，雙方都會很開心。

如果要提高孩子的自我肯定感，也可以在一天的尾聲，詢問孩子「今天努力做了什麼事呢？」，或是「有發生什麼好事嗎？」。帶著肯定自己的正面情緒入睡，隔天便能神清氣爽地醒來迎接新的一天。

每天寫「感謝筆記」，記錄好事與快樂的事也是有效的方法。

⑥不拿孩子跟其他人比較

自我肯定感並不是跟他人比較就會增長。父母必須肯定孩子的真實樣貌。如果因為孩子考了全班第一名而誇獎他，之後名次若是掉到第五名，孩子就會感覺不到自己的存在價值，自信也會動搖。所以，絕對不要拿孩子跟別人比較。

我一再教導女兒，不要拿自己跟他人比較，應該比較昨天的自己與今天的自己。舉例來說，如果分數多一分，但名次下降十名的話，有的人可能會覺得自己很差勁。可是，跟上次的分數相比這次進步了一分，這樣一想便會湧現幹勁與自信。由此可見，具建設性的比較是很重要的。

最重要的是，要關注這個孩子本身，別以跟他人的比較來評價孩子。舉例來說，假設有個孩子對運動會的賽跑項目實在沒有自信。孩子應該很想在父母面前展現好的一面吧，父母當然也對自家孩子有所期待。

因此，如果父母說「你要努力拿到第一名」，孩子便會拚了命地努力。但是，有時就算努力也得不到好結果。孩子若沒得到好結果，心中便會留下懊悔，認為「自己沒能回應父母的期待，讓父母失望了」。

所以，面對沒有自信的孩子，應避免要求他「拿到第一名」或「拿到第二名」，可以改說：「就算拿不到第一名或第二名也沒關係，只要努力變得比昨天的自己更厲害就好。那麼，該怎麼做才能變得更厲害呢？」

只要告訴孩子「對你來說最重要的是，憑自己的能力盡最大的努力」，孩子便能得到慰藉。如此一來，孩子的心情應該就會比較輕鬆，能夠全力以赴。

雖然我要求自己不拿女兒跟其他孩子做比較、養育女兒時要把焦點放在如何提升她的能力上，但有時還是會忍不住想跟其他人比較。因此，我做出「避開會想跟其他孩子做比較的場合」這個決定。

舉例來說，在女兒考大學以前、高中最後2年的那段期間，我幾乎不曾到學校露面。如果是家長一定得到場的情況，就拜託老公代替我去。

也許是受到波瓦爾學校的教育法影響，女兒及其他孩子意外地能夠冷靜觀察自己，不會跟其他人比較，只想著自己該怎麼做才能發揮最適當且最大的成效。不過，父母這一輩有時還是會很在意。女兒高中畢業後，幾名媽友向我表示「早知道我也跟重子一樣，別去學校露面就好了」。去學校看到其他孩子的表現或聽到其他家長說的話，就會忍不住拿來跟自己的孩子做比較。也有媽友表示她曾因為這樣，不小心對孩子說了不必要的話，害孩子痛苦難過。

如果父母在學校會產生負面的競爭意識，最好果斷決定不去學校露面。建議大家當機立斷，盡量避開這種場合。我明白自己的界限，因此這種時候我會坦白告訴老公與女兒，請他們諒解。

⑦與其改善缺點，不如發展優點

我認為之前的日本教育，存在著「改正孩子的缺點，培養全能的孩子」這種構想。

畢竟許多事情只要努力就能進步好轉，努力當然是必不可缺的，但我對於強迫當事人去做不拿手的事這種做法持懷疑態度。雖然在現今的日本，樣樣通的孩子似乎比較容易進入難關大學，但我認為今後這種情況將有大幅度的改變，此外若要增加自我肯定感，關注並發展孩子的長處很重要。

反觀美國的學校則以「無論是誰當然都有不會做的事及不拿手的事，與其勉強改善這個部分，還不如發展做得到的事與喜歡的事。」這種觀念為主流。前述的調查結果也指出，美國高中生的自我肯定感很高，這或多或少是受到「肯定當事人本身」這項教育方針的影響吧。

雖然長大以後也能提高自我肯定感，但這不是件容易的事。因此從孩子還小時，父母就要積極地肯定孩子「你有這樣的優點，這個部分很棒」，以此培養孩子的自我肯定感，這點很重要。

另外，當孩子沮喪時，不妨幫助孩子想起自己的優點。例如告訴他「即使如此，你也有好的一面吧」，讓孩子把注意力集中在好的那一面上。

如果孩子依舊無精打采，這時請你想像一下天秤。天秤的一邊是正面，另一邊是負面。當人沮喪時，負面的盤子裡放了較多的砝碼（意識）。這種時候姿勢自然會變得不端正，表情也變得陰鬱，就連說出來的話都很消極無力。

前陣子我去某間美術館時發生了這樣的事。當時有一名4歲左右的小女孩，開開心心地在美術館裡面跑來跑去，笑容真的很燦爛。但是，後來她就被美術館館員罵了。這時媽媽趕了過來，牽著小女孩的手走出房間。小女孩垂頭駝背、無精打采地邁著步伐。不過，接下來的發展實在很有趣！媽媽對著小女孩說：「不可以在美術館裡面跑來跑去喔。因為要是不小心撞到，把畫弄破了，大家就不能欣賞了。不過，剛才被罵時妳有乖乖道歉，很了不起呢。這也要怪媽媽沒有教妳，對不起喔。」孩子聽了之後立刻抬頭挺胸，表情也轉眼間變得開朗起來，還對媽媽說：「我最喜歡媽媽了！」因為媽媽在正面的盤子裡放上了許多砝碼。

人在陷入負面情緒時，姿勢一定會變得不端正，表情也會變得陰鬱。講出來的話很消極，而且一直對失敗時的事耿耿於懷。這種時候不妨幫助孩子想起自己的優點，或是告訴他「你笑起來很可愛喔」，在正面的盤子裡放上許多砝碼。另外也要訓練孩子，讓他能夠自行做到這些事。只要改變姿勢、表情、話語這三者的其中一個便能收到成效。原因在於，如果滿面笑容地說「自己很沒用」，就不會覺得自己真的很沒用；如果姿勢端正，光是這樣表情就會變得開朗。因此，我們家都會做某件事來改變心情。這個方法立即見效，請大家一定要試試看。

這個方法就是「端正姿勢，面帶笑容，然後說說看『自己很沒用』這句話」。是不是一點也不覺得自己很沒用呢？接著再想像自己非常順利地完成某件事時的情況，應該就更難認為「自己很沒用」了吧。

首先試著刻意改變姿勢、表情、話語這三者的其中一個看看。雖然聽起來很簡單，效果卻出乎意料的好，光是這樣就能夠保護好自己的心靈。

⑧讓孩子做決定

自我肯定即是能夠接受、喜歡真實的自己。

其實，我曾在小學五年級時遭到嚴重的霸凌，有段時間還拒絕上學。當時我的自我肯定感低到不能再低。明明只是個小學五年級的學生，日記上卻充斥著「我受不了了，好想去死」之類的字句。

當時，無論父母對我傾注多少的愛，我依然無法去愛自己。畢竟全班40個同學聯合起來攻擊我，霸凌的威力自然不小。這已經是40年前的事了，當時霸凌尚未變成社會問題，老師也沒把它當一回事。

坦白說，至今我仍不明白大家霸凌我的起因。不過那段期間，我每天都快被「因為我是個沒用的人，才會被大家欺負」這種想法壓垮。

後來拯救了我的是父親的一句話。

父親對不想去上學的我說：「我們一起想想，以後要怎麼做吧？」然後，我們想出了3個選項。

①明天起去上學　②休息一年，明年重讀五年級　③轉學

考量各個選項的好處與壞處，討論完所有因素之後，父親對我說：「妳自己決定要怎麼做，爸爸和媽媽會全力支持妳的選擇。另外，既然是自己選擇的路，就要認真地堅持下去。」

最後我決定從明天起重新去上學。而且，不管有多辛苦都會堅持下去。因為，這是我自己的決定。我能夠勉強保住自我肯定感，都要多虧父親給了我「自行決定」這個重大的機會。

後來，霸凌就在某天戛然而止了。霸凌的開始與結束，似乎都沒什麼特別的原因。

這段被霸凌的經驗對我造成很大的心理創傷，所幸當時父親給了我一個機會，我才能鼓起勇氣再度去上學。另外，這段經驗也讓我發覺，家人是願意相信自己的。

即便不是這麼嚴重的大事，而是平常的小事，讓孩子做決定不僅能帶給孩子自信，也能提升自我肯定感。此外還能培養恆毅力（Grit）。

當孩子快要灰心喪氣時，父母只要讓他想起做出這個選擇的原因，並且聲援他就好。

不要逼迫孩子「這是你自己做出的決定，快點去執行」，應該讓孩子想起這麼做會得到什麼結果、會有什麼樣的心情，引導孩子自動自發地實踐自己的選擇。

⑨提供選項，培養自行決定的能力

說到自行決定，我們家自幼年時期起就訓練孩子自行決定的能力，從點心到要穿的衣服，都會提供選項給女兒自己決定。女兒小時候偶爾也會挑選出奇怪的服裝搭配，但我既不會提出異議，也不會糾正她。

另外，我之所以提供選項，而不是完全讓女兒自己選擇，是因為如果選什麼都可以，孩子會覺得自己就像是被丟到大海上一樣，反而什麼也決定不了。若要訓練「自行決定」的能力，在孩子上小學以前，提供3個左右的選項是最理想的。自己做選擇，可以培養自主性、想像力、好奇心、自信等各種能力。

⑩不要幫孩子做，應示範給孩子看並提供協助

女兒就讀的波瓦爾學校，基本上採取的是「不教孩子，而是示範給孩子看，並協助孩子自己找出答案」這種做法。直接用教的效率應該比較好，但自己找出答案的喜悅能夠培養非認知能力。

因此，我們家也是不教孩子，堅持採取「示範給孩子看」的做法。由於孩子仍處於發展階段，不會做的事當然也很多。雖然大人在一旁看得很心急，但這個時期應以示範的方式來協助孩子，這點很重要。

即便是到了某個年紀就一定會做的事，假如在這段過程中學得不順利，累積過多的挫折感，自我肯定感依然有可能會下滑。這種時候，父母不要默默地在一旁看著，應該稍微介入一下。

例如一邊告訴孩子「你看喔，只要這麼做就可以了」，或是「啊，這對你來說還是困難了一點吧？因為你的手手很小嘛」，一邊示範給孩子看，或者手把手地引導孩子。如果孩子做到了，就跟他一起開心地展露笑容吧。

像綁鞋帶或扣鈕釦之類的行為，只要示範2、3次，孩子便會覺得有趣而不斷嘗試。而當他能夠自己做到時，就會產生自我肯定感。

重要的是，要「示範給孩子看」與「引導孩子」，不要「幫孩子做」。

除此之外，不管完成的結果有多差勁，父母都不要幫孩子重做。重做的話會傷到孩子的自尊心，這樣可就本末倒置了。

當然，孩子有必要學會正確的說法與寫法，但對年紀還小的孩子來說，正確與否並沒那麼重要。

假如孩子改不了拼字之類的錯誤，那該怎麼辦才好呢？這正是提高非認知能力的機會。

第一步先忍耐，請父母沉著地在一旁看著。孩子犯的錯誤真的很重大嗎？如果不重要就先放著別管吧。之後孩子會自行發現錯誤的。

如果是很嚴重的錯誤，而且一直改不了的話，那就提醒孩子「其實還有這種做法喔」，以避免傷到孩子的自尊心。除此之外，也可以陪孩子閱讀使用正確說法或寫法的書，讓孩子發現自己的錯誤。

一定要孩子自己發現錯誤，才能培養非認知能力。父母若是強行糾正孩子，只會白白糟蹋了提升非認知能力的難得機會。

⑪當孩子情緒爆發時，不要責備孩子

大人也會爆發負面情緒。這種時候通常會陷入嚴重的自我厭惡吧。孩子就更不用說了。有些時候就連自己也不知道是哪裡不對，總之就是心浮氣躁，沒有一件事順心如意，控制不住情緒。這樣的自己也是自己。但是，這種時候孩子會覺得「自己是個沒用的孩子」、「已經沒救了」。

在這種情況下責備孩子只會造成反效果。

我們家也曾發生過這種情況，當時我先抱緊孩子讓她冷靜下來，以行動告訴她「不要緊，妳不是沒用的孩子」，好讓她感受到父母的愛與安心感。過了一會兒孩子冷靜下來後，就拿出心情板讓她選出符合當下情緒的選項。

這時要沉穩地與孩子交談，問他為什麼會情緒爆發。有可能是因為憤怒、煩躁或是焦慮。既然爆發到那種地步，代表當時心中充滿了各種複雜的情緒吧。

接著詢問孩子：「今天『煩躁』來找你對吧。下次『煩躁』再來時要怎麼辦呢？既然不能像今天這樣大吼大叫，你認為還有什麼方法呢？」跟孩子一起思考下回的因應對策。

只要持續這麼做，孩子就能正確認識自己的情緒，接受真實的自己，並能控制自己的情緒。自行學會因應方法，能提高對自己的信賴與自信，還能培養自制力。

因此，情緒爆發絕對不算是壞事，反而應該視為培養非認知能力的重要機會。

⑫肯定孩子的真實樣貌

孩子既不是父母的附屬品也不是複製品。重要的是，要認識自家孩子真正的模樣。因此，父母要尊重孩子的個性，支持他做喜歡的事；認真傾聽與觀察，肯定孩子。

小時候，我是在「唯有讀書高」的環境下生長的。這也是理所當然的，畢竟在1970年代的高度經濟成長期，日本吹起了「好大學＝好人生」這股風潮。

不過，當時我對於學校的課業沒什麼興趣。我喜歡的是音樂與戲劇。然而，大人並不認可這些東西，他們認為這會妨礙孩子念書。

因此，我主動放棄了與我最愛的音樂及戲劇有關的所有事物。結果，我再也提不起勁去做其他的事，成了一個死氣沉沉的孩子。

現在回想起來，我不禁感慨，如果當時大人不否定我的熱情，願意理解並支持我的話……自己應該會更加活力充沛，就連非念不可的書也會乖乖念好。

對孩子而言重要的是，即使價值觀或世界觀跟父母不合，父母也會肯定、支持孩子的真實樣貌。這是培養孩子的自我肯定感時最關鍵的一點。

「猶如用繭包裹起來般」培養孩子的心靈

前文介紹了在家就能提高孩子自我肯定感的方法，而這些方法都是在保護孩子的「心靈」。保護孩子的心靈是培養非認知能力的基礎，做得到這件事的人只有父母而已。

我們選擇讓女兒就讀波瓦爾學校，不過當時除了這裡之外，其實她還錄取了其他學校。促使我們做出這個決定的關鍵因素，是該校校長的一席話。

「我們的工作，是幫助孩子發現自我，按照各自的步調成長茁壯。因此，我們向來是猶如用繭包裹起來般，小心翼翼地對待每一個孩子的心靈。」

猶如用繭包裹起來般，溫柔地培養孩子脆弱的心靈。多棒的一句話啊！

因為重視孩子的本色，他們認真傾聽孩子的話語，以孩子的心情為優先。以這種方式培養自我肯定感與自信，再將孩子送到下一個階段。實際上，這間學校真的猶如用繭包裹起來般溫柔地培養女兒的心靈，並以滿滿的愛與關懷教育女兒。

我們家從來不會對女兒說「妳是特別的孩子」。每個孩子對父母而言都是特別的存在，但對他人而言就不見得一樣特別了。

不過，我們幾乎每天都會告訴女兒：「對爸爸和媽媽而言，妳是最重要的存在。」因為孩子是藉由感受他人對自己的肯定與關愛，來培養自我肯定感的。並不是因為自己很特別，自我肯定感才增加的。所以，我和老公每天都會用這一句話將女兒的心靈包進繭裡呵護。我們就是如此重視這句話。

無論他人給予什麼樣的評價，自己都是父母最重視的存在，這份確信能形成無可動搖的自信。在培養孩子的自我肯定感上，父母對孩子灌注最大的愛，是一件至關重要的事。

比起面子更重視孩子的心情

當你覺得孩子不符合自己的期望時，請想起「要以孩子的心情為優先」這個重要事項。

「面子」在日本是很常看到、聽到的詞，不過美國並沒有這個詞彙。硬要說的話，這個詞相當於「Keeping up appearances」（維持體面）吧，但它通常只會出現在媒體的標題上。由此可見，美國人有多不在乎「別人如何看待自己」。

同樣的，對父母而言，最重要的並非「這孩子要如何以『自己的孩子』這個身分活下去？」，而是「這孩子要如何過自己的人生？身為父母的我們能夠為他做什麼？」。父母若是硬把自己一廂情願的想法加諸在孩子身上，多半會得到「不符合自己的期望」這個結果。於是，父母就會覺得孩子不聽話又麻煩吧。

可是，這種時候希望你能想起來「我們培養的是，有別於自己的一個獨立的人格」。

難道身為醫師的孩子，就一定要成為醫師不可嗎？律師的孩子，要當上律師才會幸福嗎？

如果孩子的心不在那裡，無論他當了醫師還是律師，都絕對不會幸福吧。

父母應把自己的想法擱到一旁，先傾聽孩子的聲音，並且全力聲援他，這點很重要。醫師或律師的孩子成為舞者，究竟哪裡不好了呢？

如果是覺得沒面子，這就不是孩子的問題，而是父母的問題了。把父母的問題推到孩子身上是一種罪過，這麼做會降低孩子的非認知能力。

因為，孩子會厭惡無法符合父母期望的自己，心中充滿了罪惡感。對孩子而言父母是唯一的依靠。由於得不到父母的愛就會死，孩子從嬰兒時期起就竭盡全力地去愛父母。正因如此，即便孩子有自己的想法，也會以父母的心情為優先，因而讓自己痛苦。

如果要讓孩子的心靈得到自由，父母就別把自己一廂情願的想法強加在孩子身上。除此之外，無論孩子的個性如何，父母都要如實地接受。

2 提高父母自身的自我肯定感

父母的幸福與不幸，都會「傳染」給孩子

努力提高孩子的自我肯定感固然重要，但提高父母本身的自我肯定感同樣要緊。因為孩子是以父母為榜樣的。如果父母的自我肯定感很低，承受著壓力，幸福度也不高，這個模樣會傳染給孩子吧。

我想在這裡跟各位介紹一項研究。此研究發現，父母的壓力對孩子的大腦發展有很大的影響。

英國艾塞克斯大學（University of Essex）社會經濟研究所的約翰・艾米希（John Ermisch）教授等人，於2011年發表的調查結果指出，孩子的滿意度與親子間的關係（尤其是母親的幸福度）有明顯關聯。

這項研究是以4萬個家庭為對象，花了數年的時間，調查10～15歲的孩子對自己的生活有多滿意。

結果發現，若是雙親俱在的家庭，「夫妻關係圓滿」也是重要的因素之一。如

果母親對夫妻關係不滿的話，只有55％的孩子滿意家庭生活，跟母親認為夫妻關係很幸福的家庭相比，低了將近20％。

艾米希教授等人根據調查結果做出了「跟雙親同住（個人認為，無論是否跟雙親同住，家人之間建立良好關係比較重要）、每週至少跟家人一起吃3次晚餐、母親覺得家庭很幸福的孩子是『最幸福的孩子』」這項結論。

如果母親的幸福度低落，影響最大的就是孩子的幸福度。

不過，父母（尤其是母親）在養育孩子時可能會感受到，「自家孩子的人生責任全在自己身上」這股心理壓力與外在壓力。有時可能還會擔心，萬一自己的教養方式錯了，這個孩子的人生就無法挽救了。

但是，過度感受到這種外在壓力的話，不僅無法體會育兒的樂趣，還會變得煩躁焦慮，或是喪失自信。如此一來，自我肯定感便會低落，形成心理壓力，幸福度也會下降，並且對孩子的大腦造成不良影響。這是多麼可怕的惡性循環啊！然而，每一位正在養育孩子的母親應該都有過這種經驗吧。

我也曾經有段時間對養育孩子這件事沒有自信，承受著很大的心理壓力。印象中那是女兒4歲時、就讀初等學校以前的事。

某天我們全家人一起前往某個地方，我因為一點小事，在地下鐵車廂內對女兒大發脾氣。其實女兒並沒做錯事情，我卻瞪著她講出難聽的話。

附近一位陌生的老婦人聽到我罵女兒，便這樣責備我：「我說妳呀，這孩子又沒做錯什麼事！怎麼有妳這種母親啊！丟不丟臉啊！」

其實，我也知道自己錯了、做了不好的事。因為，女兒的表情是前所未見的傷心。對孩子而言，被母親討厭就是如此大的打擊。

當下我相當後悔。我到底在做什麼呢？我明明那麼愛女兒，還認為自己必須細心呵護她，結果卻做了最不該做的事……說到底，我只是把自己的煩躁歸咎在女兒身上。

我馬上向女兒道歉，並且發誓再也不會做出這種事。

養育孩子並不輕鬆。相信不管是誰，都會感受到「養育孩子不可以出錯」這股外在壓力，所以才會覺得心理壓力很大、快要撐不下去，有時或許還會對孩子發脾氣。畢竟世上沒有完美的父母。

我認為這種時候最重要的是，如果做錯了事，父母也要立刻道歉才行，而且不能重蹈覆轍。

這樣一來，孩子必定會諒解父母。年幼的孩子對父母的寬容度可是大得驚人，他們對父母充滿了愛。

不過，父母絕對不能利用這一點。為自己犯的錯道歉，並且不要再犯是很重要的。我做了令女兒傷心的事，但也因為有過這段經驗，從此以後，我都不曾對女兒發過脾氣。

除此之外，我也仔細思考，這股煩躁感的原因為何？為什麼我現在沒有自信，每天都感到壓力？

當時我的不安、對自己的失望、對人生的焦慮都達到臨界點，已到了日暮途窮的地步。而我又把這些負面情緒發洩在女兒身上。因此，我深刻體認到，我必須重新檢視自己、評價真實的自己、提高自我肯定感讓我能夠喜歡自己。

母親的不安來源

當時的我經常感到強烈的不安與焦慮。我試著分析令自己不安的事物，得出以下的結論。

①「不能為了自己使用時間」這股強迫感

當時我自以為是地認為，母親應該為了孩子奉獻出自己所有的時間，所以我完全沒有自己的時間。

②「自己是不是沒做得盡善盡美」這種自信的匱乏

我對於自己有沒有扮演好母親的角色這點總是沒有自信，因為我很追求完美。

③「自己應該能做得更多」這股焦躁感

母親的工作是無窮無盡的。無論做了多少事，依然會覺得自己應該能夠做更多的事。

④「自己能不能做得跟大家一樣」這股不安

身為日本人的我，很擔心自己在美國會不會顯得格格不入，尤其女兒剛出生的那陣子，我滿腦子只想著要跟美國人、美國社會同化。

⑤「我是誰？」這種自我喪失感

因為忙於母親的工作，我有種喪失身分認同的感覺。

愈努力的母親愈容易陷入「超級媽媽症候群」

回顧當時的情形，我覺得是因為我對自己過於嚴厲，才會承受很大的心理壓力。簡單來說就是奉行完美主義的我，陷入了作繭自縛的狀態。

這稱為「超級媽媽症候群」，總是盡心盡力的媽媽很容易陷入這種狀態。陷入這種狀態的母親，無論家事還是育兒，有時連工作都要做得盡善盡美。周遭與自己的自以為是，讓她們強烈感受到「應該要這樣」這股外在壓力，凡事都要求完美，因而失去自己的本色。

女兒出生後的頭2年，我先是專心當一名家庭主婦。母親這個身分不僅令我自豪，同時也賦予我很大的責任感。養育孩子絕對不能出錯、育兒無法重新來過……這些想法給我自己造成頗大的壓力。

後來開始工作以後，我認為自己必須完美兼顧育兒與職涯才行。這種自以為是的想法，又更加束縛自己、逼迫自己。

而且，家事、育兒兩頭燒的母親擠不出自己的時間，因此往往很容易迷失自我。感覺就像是「自己」不見了似的，所以才會更加認定自己不可以當個失敗的母親。當時的我便認為，身為母親的評價等於自己這個人的評價。

假如母親本身不享受人生與育兒，反而不斷指出自己的不足與缺點，自然無法愉快地面對孩子。

注意到這一點後，我決定不再要求「完美」。

儘管周遭都道可惜，我仍然決定從當時很成功的藝術館工作，改行從事時間比較自由的顧問工作，把自己的工作時間減少一半，增加跟孩子相處的時間。收入也因此減少了一半。至於主婦的工作，我也會請幫傭或申請家事服務來支援一下。雖然支出因此增加了一點，但是我不再感到焦慮或煩躁，幸福度提升不少，家人的笑容也變多了。

另外，我也不再要求自己當個「完美」的母親。

媽媽們其實有許多想為孩子做的事，但因為時間、體力、精力都很有限，沒辦法全部做到，才會對自己感到焦慮煩躁。

但是，身為母親的我們，應該要想起自己還有「不做」這個選項。

也許有些人會覺得，自己應該做得了卻不做的話，根本就是糟糕的父母，但我們真的非得全部都做才行嗎？決定不做是消除煩躁感的第一步。而且神奇的是，當我不再要求自己完美後，連帶的也不再要求孩子完美，就連以前很在意的事也會覺得「算了」。於是，精神方面變得輕鬆許多，我跟女兒的關係也突然變得很好。

我終於能夠打從心底覺得「用不著達到滿分100分，有80分就夠了！」。沒達到100分的日子占了絕大多數，因此我之前幾乎天天都覺得「真糟糕啊」。不過，能夠達到80分的日子就不少了，我就是靠著這麼多的成就感與自信來提高自我肯定感。

女兒2歲時曾發生過這樣的事。

某天我對女兒說：「妳已經2歲了，以後就用杯子喝牛奶，別再用奶瓶了喔。」然後把女兒的奶瓶收起來，結果女兒就完全不喝牛奶了。

如今回想起來，我覺得不管孩子幾歲，既然她能喝得美味又滿足，讓她用奶瓶又何妨，但當時的我擺脫不了「完美的母親」這個魔咒，覺得這個年齡還用奶瓶很丟臉。是的，我覺得「沒面子」，擔心自己會被貼上「糟糕的母親」這個標籤。

我很擔心不再喝牛奶的女兒，於是帶她去醫院，結果醫師很乾脆地說：「如果她不想喝，其實不喝也沒關係喔。請媽媽找一找她會喜歡的替代食物。」

後來我以添加了鈣質的柳橙汁與起士取代牛奶，用這些食物餵養女兒。或許有人會覺得我是個不及格的母親，但我認為自己的不及格之處，並非給孩子吃替代食物，而是拘泥於年齡忽視孩子的感受。

既然孩子喜歡用奶瓶喝，那就讓她用好了，畢竟她又不會一直咬著奶瓶到處走。可是，當時的我並沒那麼不拘小節。

不過，在我反省並找出替代方案後，我決定完全忘了牛奶的事。後來，女兒就在不知不覺間，很自然地又喝起了牛奶。

順帶一提，雖然這段期間女兒完全不喝牛奶，但卻似乎並未造成任何不良的影響。因為身高154公分的我所生下的女兒，後來長到了167公分，而且沒有半顆蛀牙。

那真的是非做不可的事嗎？

忙碌又煩躁的父母最該做的事，既不是不眠不休地工作，也不是把孩子丟在一邊，而是重新檢視自己的「待辦事項清單」。

我們總是堅信「自己應該能更有效率地做好各種事情」，但實際上處理作業的效率卻不如自己所想的好。於是，「待辦事項清單」常害我們有些工作過度，被一堆工作追著跑。這樣一來就會有許多事無法完成，而接二連三的失敗則會使自我肯定感下滑。

既然如此，我們只能減少一個人要做的工作量了。舉例來說，妻子可以減少要做的家事量，請丈夫一起分攤家事。花錢請人做家事或省略某些步驟也是一種方法。

國際社會調查計畫於2012年實施的「有關家庭與性別角色的意識調查」，比較了各國已婚男性平常做的家事量，而日本男性的家事分攤率（18・3％）在33個國家當中是最低的。前幾名的北歐各國男性家事分攤率超過4成，相較之下不到2成的只有日本而已。我認為日本男性在家事與育兒上應該要再多出點力才行。況且不幫忙的話實在太可惜了！至於原因容我稍後說明。

不過話說回來，母親覺得「非做不可」的事，真的是非做不可嗎？

舉例來說，房間亂七八糟，真有那麼不應該嗎？真的有必要準備三菜一湯嗎？食材難道不能跟昨天一樣嗎？孩子不吃青椒，真有那麼糟糕嗎？孩子的衣服有點皺，真有那麼丟臉嗎？這些全都只是你的自以為是而已。

就算家裡有點髒也不會死。可是，孩子若無法充分享受到，與笑得幸福的媽媽共度的時光，精神方面就會變得很脆弱。這種時候別對著孩子怒吼：「快去收拾！」我們可以先陪孩子玩，玩完之後再一起迅速收拾就好。我有位朋友是單親媽媽，一邊工作一邊養育3個孩子。聽說她不會花時間整理空間，而是把時間花在挑選、烹煮對身體有益的食物上，到了週末再跟孩子們一起收拾。

不做既不是「失敗」，也不是「認輸」，更不是「偷懶」，這是很棒的選擇。只要弄清楚不做這件事的話要改做什麼事，那就沒有問題。

以前，有人聽到我說「烹煮晚餐只花15分鐘」，便批評我「這樣不就沒做好母親與主婦的工作嗎」。

可是，我只是選擇不花時間烹煮精緻的晚餐而已。畢竟一天的時間有限，我決定把時間花在接送女兒練芭蕾舞這件事上。雖然每天往返要花2個小時，而且坐在車內的時候，女兒總是說「我在寫功課，不要吵我」，但對我而言這是能與女兒相處的珍貴時光。

現在市面上也有很多有機的冷凍蔬菜，而肉只要切小塊一點，一下子就能煮熟。味道與營養都有家人掛保證，我覺得這樣就夠了。

另外，我們家規定每週只洗1次衣服。由於大量縮減了洗衣服的時間，烘衣機成了不可或缺的家電。除此之外，我們也都盡量購買、穿著不需要熨燙的衣服。

待在室內時，我們大多會穿快乾的運動服。如果是急著要穿的衣服就送去洗衣店，不過通常只有老公的襯衫與西裝需要送洗，所以花費並不多。

點心同樣用不著親手做吧。由於我要工作，本來就沒辦法親手做點心，想烤點心時我不會把它當成工作，而是視為「遊戲」跟女兒一起動手。讓女兒負責計算分量、由女兒主導製作的話，通常成品都會比我做的還要好吃。

因為我常常這麼說，女兒似乎覺得自己有能力幫媽媽做她不拿手的東西了。現在都是由女兒負責親手做甜點，我早就從這項工作中解脫了。

刻意從「待辦事項清單」中留下1、2件事不做

關於自己該做的事我考慮了很多層面，最後決定這麼做：即使「待辦事項清單」裡寫了10件事，我也不會全部做完。假如只剩下1、2件事，反而要誇獎自己。因為，8成的待辦事項都完成了，自己用不著當個必須做完所有事情的超級媽媽了！

當我能夠這麼想後，便懂得將待辦事項分成「真的非做不可的事」，以及「不做也沒關係的事」來看待。而且，我盡量不去做「不做也沒關係的事」，如此一來我就能從容且溫柔地面對家人。

建議大家先試著在筆記本上，寫出自己目前所做的家事、育兒以及工作方面的作業。然後將這些作業，分成「非做不可的事」與「不做也沒關係的事」這2份清單。接著再從「非做不可的事」中，找出大約2成的「不做也沒關係的事」。相信你看過清單之後，應該會很訝異自己做的事情居然這麼多，用不著自己去做的事也不少。找出這些不做也沒關係的事後，接下來不妨找一找能幫忙做那些事的人吧！

例如以下這些事，就是我的「不做也沒關係的事」。

家事・要看著食譜製作的精緻晚餐
・總是採買新鮮的食材（即便是冷凍食材，只要是有機的也ＯＫ！）
・熨衣服（購買不需要熨燙的衣服）

育兒・準備女兒上學要帶的東西（全交給當事人去準備）
・學校舉辦點心義賣（Bake Sale，家長準備餅乾或蛋糕來義賣的活動）時親自烤點心（買現成的就好）

工作・加班（下午3點以後不工作）
・有關工作或社交的活動（每週最多參加3場）

就算我不做上述這些家事方面或育兒方面的事，家人也不會抱怨。此外，我一定會向女兒說明清楚「不做」的原因。只要說明清楚孩子就會明白，而且孩子也會認為，自己是值得對方說明的重要存在。

其實很多事只要說明清楚家人就會理解，但也有些人是因為不想承認自己不會做而不說吧。可是，如果凡事都想做得完美，精神上的負擔也會加大。這樣一來自我肯定感必定會下滑。

另外，我也改變了「不拿手的東西就承認自己不拿手，用不著勉強自己去做」這樣的想法。其實我不太喜歡做菜，不過我老公和女兒都非常喜歡做菜。奉行完美主義的那段期間我堅持全由自己料理，但後來就漸漸地交給老公與女兒去準備假日的餐點了。現在假日基本上都是老公負責，星期日的早餐則是由女兒準備。

除此之外，如同前述，我將晚上10點半到早上7點半訂為「媽媽下班時間」。我規定孩子，如果想要我做什麼事或是有其他要求，必須在這段時間之前提出來。當然，緊急情況除外。

能以孩子為優先當然是最理想的，但要是因此身心俱疲、迷失自我，可就本末倒置了。因此我決定，媽媽下班時間一到就改以自己為最優先。

母親也是人，所以一定也會有煩躁或累積壓力的時候。如果一直累積下去，這些負面情緒遲早會爆發出來。因此，我都會在那之前準備「健全的發洩管道」，將心中的煩悶全部宣洩出來。

例如，我會在車內盡情大叫。這樣一來就不會被人聽到，而且只要大聲喊叫心情就會暢快無比。我的朋友當中，有人會在紙上亂寫亂畫再撕個粉碎，也有人是舉辦閨密聚會（Girls night out），跟好友們一邊喝美味的葡萄酒或香檳，一邊聊些無關緊要的話題，忘掉平日那些不愉快的事。

每個人的宣洩方法各有不同。總之事先準備發洩煩悶用的健全管道，是一件非常要緊的事。

把老公變成最大的協助者

如今，「獨力育兒」在日本成了一個問題。

而且，應該沒有比這個問題還要折磨人的事吧？「萬一自己倒下了，孩子就沒人照顧了」的迫切感、育兒造成的煩悶感無處宣洩、無人可以依靠的孤獨感、「自己說不定做錯了」的不安與自信匱乏……獨自育兒的人也經常要對抗諸如此類精神上的痛苦。

由於現代社會以核心家庭為主流，假如伴侶又整天不在家，女性便會立刻陷入獨力育兒的狀況。如果媽媽還要工作呢？

光用想的就讓人忍不住發抖，這真的是很辛苦的狀況。

若要避免陷入獨力育兒的狀況，最重要的就是讓伴侶體會育兒的辛苦，以及請伴侶盡他所能提供協助。另外，還要讓伴侶瞭解自己「不會做」與「不做」的事。

我老公的確在家事與育兒方面幫了我許多忙，幾乎可以說是一人做一半。不過，老公提供的最大支援，其實是認真傾聽我說的話。這種時候，老公完全不會批評我的牢騷或煩躁，而是回我一句「就是啊，我懂」，無論我講了多久都耐著性子傾聽。這或許就是老公能為老婆做的最大支援。

母親總是被照顧孩子的工作追著跑，瞭解她的精神層面也是父親該做的事。因此，老婆別把老公當成「敵人」，必須把他變成最大的協助者。雖說老婆心煩意亂時，有可能會把老公視為「敵人」就是了……。

我和老公每週都會特地約會1次。儘管有時只花30分鐘而已，但我認為自己也需要這種從一名母親恢復成一個女人，向自己的老公撒嬌的時間。就算約會不夠浪漫也沒關係。有時這也會變成我向老公求助的時間。只要能讓老公聽聽自己育兒時的辛勞，便會覺得自己的心情得到了理解，我對老公的態度也會變得比較溫柔。

不過，這種時候千萬要注意，不要用「你什麼忙都不幫」之類的批評口氣，或是一直責備對方。這麼做也有可能會吵起來，造成反效果。

反之，如果改用「人家真的很辛苦耶」這種撒嬌的語氣，效果應該會比較好吧。像我老公在這種時候就非常能夠設身處地聽我說話。

有了孩子以後，我忘記的第一件事就是向老公撒嬌。當時我覺得所有的事都是自己在打理的，甚至會對老公使用命令口吻。

可是，老公是老婆的最大協助者。老婆或許也需要改變一下心態才行。

不參與育兒是「錯失機會」

最近在美國，有愈來愈多的男性積極參與育兒。

我向許多男性詢問原因，結果得到了有趣的意見。首先，他們認為不參與育兒是「錯失機會」。

自己要與孩子在一個屋簷下生活將近20年，假如這段期間都對他一無所知，等於是「白白浪費了寶貴的機會」。

還有幾名男性表示，參與育兒能夠看到自家孩子的真實模樣。得知這個孩子在想什麼、有什麼感受，能擴大參與育兒的喜悅。

我老公也是從一開始就參與育兒，不僅因為我曾是個「糟糕的家庭主婦」，更是因為當醫師把剛出生的女兒放到我懷裡時，我的第一句話竟然是：「咦——我該怎麼做才好！」女兒與老公相處的時間很多，父女倆感情非常好，總是互相分享彼此的各種喜悅。

與孩子之間無可取代的感情紐帶，是要花時間相處培養的。這不正是父親的人生中最棒的獎勵嗎？

出人頭地之路終有走完的時候。但是，自己與孩子之間的感情紐帶卻是一輩子的寶物，沒有人搶得走它。如果眼睜睜看著這麼棒的機會溜掉了，真的是很可惜的事，對吧？

家庭以外的人際關係

媽友有時是很可貴、很棒的存在，但有時也會變成複雜的存在。

原因在於，將彼此連結起來的是孩子們。因此，談話內容勢必都會繞著育兒打轉。如此一來，大家就免不了拿孩子來比較，例如：「咦，你家的孩子已經在做這種事了嗎？」、「我家的孩子還不會做這種事」等等。另外，即便媽友們彼此關係良好，如果自己的孩子與對方的孩子有能力差距，彼此還是有可能會處得不好，或是演變成互有心結的關係。

其實，媽友只是自己生活中的一部分而已。假如只擁有這種類型的朋友關係，當這段關係瓦解時，自己就會變成孤獨一人。除此之外，人際關係也會侷限在與孩子有關的範圍內，這樣太不健康了。

而且，即便我們不去跟人比較，別人也會忍不住跟我們比較老公的地位或工作、生活環境等等。

因此，建議大家也要試著在其他領域拓展朋友關係。透過嗜好或喜歡的事物，結交各個領域的朋友，是一件有意義的事。

你喜歡做什麼事呢？有沒有想學的東西呢？

交友關係應該也能靠想像力與行動力來拓展才對。

另外，親戚關係若是不和睦，也會形成很大的心理壓力。

本來以為美國人的家人關係很淡薄，沒想到他們的觀念很保守，家人間的關係也很深厚，頗令我訝異。

我們家每年聖誕節都會跟老公的家人一起過。夫家那邊的親戚都是些不難搞的好人，但畢竟不是毫無關係的陌生人，如果彼此缺乏體貼與顧慮，也是有可能讓關係變得尷尬。跟夫家那邊的親戚打好關係，對於維持心靈的安穩與平靜也是很重要的。因此，我都會遵守以下幾條規則。

- **盡量縮短停留在老公親戚家的時間**
- **如果可以的話，就投宿在附近的飯店**
- **把老公當成自己的盟友。如果發生不愉快的事一定要先告訴老公**
- **如果有需要，就由老公出面跟對方交談**

另外，雖然有什麼事時我都會跟老公商量，不過若能在家人或親戚當中，至少找到一個可以無話不談的盟友，感覺就更安心了。

像我找到的盟友是老公的姪女，我和年紀相仿、兼顧工作與育兒的她非常談得來。雖然她住在遠地，但有什麼事要找人商量時，她是老公之外的第一人選。不，在某些情況下我可能會先找她商量。其實，我跟老公吵架時就是先打電話向她吐苦水。

幸福會傳染

我們平時就該好好選擇自己要往來的對象，這點很重要。因為，俗話說「物以類聚」，幸福其實會「傳染」的。

耶魯大學的古樂朋（Nicholas A. Christakis）教授（醫學、社會與自然科學教授），曾在《英國醫學期刊》中發表這樣的研究結果：「幸福感容易傳染給他人，猶如漣漪一般在家人或朋友之類的社會群體當中擴散」。

這項研究發現，相較於同住者，鄰居或朋友的情緒更容易傳染給自己，如果幸福的朋友住在方圓1英里（1・6公里）以內，自己也會感到幸福的可能性將增加25％。另外，對象若是幸福的同住者則能增加8％，若是住在附近的兄弟姊妹能增加14％，至於鄰居則能增加34％。

這項研究結果非常有趣，如果他人的幸福感真能傳染給自己，我們平常就應該盡量增加接觸幸福者的機會。

我也會盡量接觸樂觀積極的人。如果無法避免跟悲觀消極的人往來，只要減少跟對方相處的時間，或是讓周遭多些樂觀積極的人即可。我會跟對自己有好感的人相處，盡量不跟對自己沒好感的人相處。

此外，我也盡量不去聽，會破壞自己的心情或運氣的負面言論。

選擇能夠提升自我肯定感、減輕來自周遭的壓力、任何時候都能讓自己感到幸福的環境，是一件很重要的事。

第5章重點

✧ 自我肯定感很高的人，凡事都會主動積極地去做。
✧ 如果父母不接受孩子原本的模樣、否定孩子的存在、奉行完美主義逼迫孩子，孩子的自我肯定感通常會低落。
✧ 不跟他人比較，而是拿昨天的自己與今天的自己互比。
✧ 父母的幸福與不幸，都會「傳染」給孩子。
✧ 如果母親的幸福度下降，影響最大的就是孩子的幸福度。
✧ 「不做」也是一個很棒的選擇。

第6章

找出「喜好」

熱情能將人生變得獨一無二

豐富的人生不可缺少「熱情」

我想在本書的最後談談，不光是孩子與母親，其他人也都能活得幸福的關鍵。不消說，這在育兒上也是至關重要的事。

在女兒就讀的波瓦爾學校裡，孩子的學習內容基本上取決於每一個人的「喜歡」與「快樂」這些情感。原因在於，這是培養非認知能力，繼而將人生導向幸福與成功的入口。

因為喜歡、因為快樂，孩子才會主動去做，才會想要知道得更多、想要做得更好。就算失敗了，也會自己下功夫讓結果變得更好。而且，做喜歡的事時自然會露出笑容。這種時候，自我肯定感當然不可能低落。

如果再加上「為了什麼而做」這個大願景（目的意識），這時就能發揮堅持到最後的恆毅力與共感力。

人究竟是為了什麼而活呢？難道不是為了感到幸福嗎？可是，只要自己幸福就夠了嗎？「只要自己好就好」的人生是空虛的。自己的行動能對他人有幫助、能使他人展露笑容、能為更美好的社會做出貢獻——當人擁有這麼遠大的願景時，應該能感受到更大的幸福吧。

自己能夠投入熱忱的事物；自己最喜歡的、令自己沉迷忘我的事物；除了自己以外，也對別人有好處的事物——那就是「熱情（Passion）」。

只要有熱情，即便是就快要灰心喪氣，也依然能夠繼續努力，因為不是為了自己一個人而努力。即便在自己認為「完蛋了」的時候也有辦法恢復心情，因為自己不是孤軍奮戰。遇到困難時也能發揮想像力與靈活性找出答案，運用共感力找來加油團，讓自己能夠繼續走下去。我想要培養的，就是走在這樣的人生道路上、擁有堅強心靈的孩子。

因此我認為，父母的重要工作，就是找出孩子喜歡的事物、能夠熱中的事物、能真心樂在其中的事物，並且從旁提供支援。親子一起做孩子喜歡的事，或是增加能讓孩子感受到熱情的機會，孩子的心靈就會變得更加豐富充實。

發掘及支持孩子熱情的方法

那麼，我們該如何找出孩子的熱情呢？

以下介紹的是，我們家在發掘孩子的熱情時所留意的重點。

①讓孩子挑戰各種事物

首先要讓孩子體驗各式各樣的事物。這也許是父母能送給孩子的最大禮物。另外，若想發掘熱情，仔細觀察孩子也很重要。這個孩子對什麼樣的東西感興趣呢？什麼時候會努力呢？什麼時候會懊惱呢？還有，他會如何克服障礙呢？

父母必須從幼年時期就仔細觀察自家孩子。

②製造機會與各式各樣的人物見面

接觸背景截然不同的人物，也能拓展孩子的世界。

③不要忽略孩子的「心流狀態」

徹底投入此時正在做的事，甚至完全聽不見周遭的聲音，這種極度專注的狀態稱為「心流狀態」（即Flow，在運動領域又稱為「化境／Zone」）。處於這種狀態時，專注力與效率都會提升。

當孩子處於這種狀態時，即是感受到熱情的時候。

我從小就非常喜歡閱讀，在學校看書時，總是專注到即使被老師點名也聽不見的程度。老師似乎把我的反應視為「叛逆」，還曾經在成績單留下「不聽話」這樣的評語。

不過，仔細想想，如此驚人的專注力正是進入心流狀態的表現，這可是教了也學不來的事。父母在家裡千萬別忽略了孩子的這種時刻。

當你叫了好幾次孩子的名字，但孩子都沒回應時，請發揮好奇心詢問「你在做什麼呢？」，並且觀察一下孩子。

另外，無須父母或老師要求就會主動去做的事，通常都是孩子喜歡做的事。

④在找到喜歡的事物之前都要持續找下去

史蒂芬・賈伯斯在某大學畢業典禮上演講時也曾這麼說：

別過他人的人生，如果找不到喜歡的事物就繼續找下去，直到找出來為止。

沒錯，喜歡的事物並不會在某天突然從天而降，必須去尋找才會發現。

⑤事先制定開始與結束的規則

既然要持續找下去，直到找出來為止，必然得開始嘗試各種事物。有開始，當然也會有結束。若要避免養出「不喜歡就立刻放棄的孩子」，父母可以先制定規則，再按照規則結束，這樣就能讓孩子體會到「自己堅持做到這個程度」這股成就感。我們家雖然是視情況而定，不過大多都是先訂出3個月的期限，再讓女兒去嘗試她想學的才藝。而且在這段期限內，無論女兒再怎麼不喜歡，也都一定會要求她堅持下去。

⑥養成詢問「為了什麼」的習慣

我總是詢問女兒：「妳是為了什麼而做這件事的？」

芭蕾舞曾是女兒的熱情。女兒是在就讀小學時開始學芭蕾舞的，當時她常說：「我想成為芭蕾舞者。」不過，我們不希望這個想法只是個自我實現的夢想，所以經常問女兒：「妳是為了什麼才想成為芭蕾舞者的呢？」

女兒這麼回答：「因為在看到閃亮耀眼的美麗事物之後，大家都會很開心。」美麗的事物能豐富人心，所以想讓更多的人看見美麗的舞蹈——原來女兒有著這樣的願景。

其實，女兒曾在2011年東日本大地震過後，前去我的故鄉福島當志工，她也在災區兒童能夠放心玩耍的設施裡，教導想學芭蕾舞的孩子。

有了由衷喜歡的事物後，想運用這個事物幫助別人的心情便會油然而生。這當中並不存在義務感，而且人生會變得更加豐富廣闊。

由於女兒從小就不斷被問「為了什麼而做這件事的？」，這使她養成了常在心中思考「為了什麼而做」的習慣。如此一來，就能將單純的夢想昇華為具備遠大願景的夢想，例如「將來想做這樣的事，所以現在想要努力做好這件事和那件事」。

擁有這種願景是非常重要的。因為看得到遠大願景時，人才會感受到執行價值與生存價值。

上了國中後，女兒的夢想是成為政治家。

這個夢想則是源自於「即便是美國也尚未達到真正的男女平等，為了消除性別歧視，創造能讓女性更加發光發熱的社會，所以才想成為政治家改變法律制度」這樣的願景。

現在上了大學後，女兒則說她想成為懂財經的政治家。因為投資界的女性不多，對女性經營者的支援也很少，所以她希望自己能先在這個領域聲援女性。

「你是為了什麼才想做這件事的？」、「你是為了什麼而做這件事的？」……經常這樣詢問孩子，藉由這種方式來教導孩子，不要只抱著「想成為第一名」或「想變成有錢人」這種自我實現的夢想，要具備遠大的目的意識。

大家常說「夢想要夠大」，但我認為這句話的意思不是指要成為總統或是博士之類的大人物。大夢想應該是指，含有「為了創造更美好的社會，自己能做什麼呢？」這種願景的夢想吧。

對女兒而言芭蕾舞正是能夠真心樂在其中的熱情，高中時期她為了上芭蕾舞課，每天得花2個小時的來回車程，而且她還能兼顧升學名校的課業與嚴格的芭蕾舞課。然而，她卻從來不曾喊苦。

熱情能使心靈變得樂觀積極，因此能提高自我肯定感，也能帶來自信，就連其他非做不可的事也能負起責任完成它。

這就是熱情的力量。

請你一定要找出孩子的熱情並支援孩子。

當孩子擁有能真心樂在其中的事物時，臉上會充滿喜悅與幸福。能夠看到那樣的表情，不正是父母最大的幸福嗎？

父母本身也不可缺少熱情

父母不僅要協助孩子找出熱情，也要找出自己能真心投入的事物，這點很重要。原因在於，熱情是僅當事人才有的「自我本色」之表現。而且，孩子是看著父母的樣子長大的，比起用嘴巴說「去找出喜歡的事物」，父母親身示範「擁有喜歡的事物是多麼美好的事」效果會更好。

養育孩子的期間，父母或許會覺得「自己再也沒有時間活出自我」。

但是，我們並非變成「父母」，只是在「自己」這個人格上，添加「父母」這個角色罷了。別忘了，自己先是一個人，然後才是父母。再怎麼忙碌，都不能忘記「自己」這個人格。

孩子總有一天會離開父母身邊。如果不希望這天到來後自己的人生變得空虛（Empty），養育孩子的期間絕對不能迷失自己的人生，這點很重要。我之所以有這種深刻的體認，原因跟美國女性的工作方式有關。在美國的所見所聞當中，最令我驚訝的就是女性對人生的看法。

女兒還是個小嬰兒時，我選擇專心當一名家庭主婦。儘管那時還不習慣當家庭主婦與母親，不過能夠建立家庭、照顧家人依然讓我覺得幸福。某天我出席一場親子活動，熟人問我目前都在做什麼，我回答「專職主婦（Stay at home mother）」。結果，周圍的人頓時都走光了。一時間我不明白發生了什麼事。

我覺得奇怪，於是仔細觀察四周，卻發現除了我以外沒人稱自己是「專職主婦」。就算跟我一樣在家裡做家事及養育孩子，她們也不會稱自己是「專職主婦」。

她們反而是這樣回答的：

「因為未來想創立沒有人種限制的學校，目前正在學校裡當志工」、「每週都會到醫院當3天的志工」、「目前正在當志工教外國孩子學英語」……華盛頓特區的母親們談論的是，在當一名妻子與母親之前「自己究竟是誰」。雖然自己也是專職主婦，但除此之外，自己還有既非母親亦非妻子的部分。這個自己目前在做什麼呢？想做什麼呢？大家似乎都是抱持「我知道妳是一名主婦與母親，但我想認識的是除此之外的妳」這樣的想法。所以，周圍的人才會遠離只有「專職主婦」這個頭銜的我，因為我沒有可以談論的「自己」。

透過做志工進入藝術的領域

看著她們談論自己的模樣，我也萌生出探究除了家事與育兒外，自己究竟是誰、想做什麼、想過什麼樣的生活等等的念頭。看著華盛頓特區的母親們，我了解到擁有「自己」這個身分認同的重要性，不禁認為「我還是能擁有自己的人生」。

我打從心底喜歡的東西——就是藝術。

在日本讀完大學後，我便在外資企業工作。即將滿30歲時，我興起了「自己還是想做藝術方面的工作！」這個念頭，於是到英國留學，就讀倫敦的美術研究所——蘇富比藝術學院（Sotheby's Institute of Art）。

我在那裡取得現代美術史碩士學位，暑假期間為了學法語而到南法的語言學校留學，結果在那裡認識了我未來的老公。

後來結了婚，跟老公一起搬到美國生活，接著生下女兒。

產後的2年期間，我把全部的心力都傾注在育兒上。我懷著「想在最好的環境下養育這個孩子」、「想發掘孩子的本色並且好好培養」這樣的期盼，將生活的重心全放在孩子的事情上。

當時的我完全沒有「做自己想做的事」這個念頭。因為我堅信，媽媽專心照顧孩子是理所當然的，不可能擁有自己的時間。此外，媽媽也不可以去想自己的事，要以育兒為最優先，至於其他的事就算想了也不能做。

雖說藝術是我的「喜好」，但我不知道該從哪裡開始才好。更要命的是，「自己辦不到」這種自我設限的想法令我無法動彈。

但是，周遭的媽媽們都活力十足地行動。她們為了自己的人生，從自己做得到的事著手。

於是，我決定先從正視自己的夢想，並且告訴周遭的人開始做起。

我的夢想就是「有朝一日要開一間藝術館」。

女兒3歲時，我才敢在人前說出「想開一間藝術館」這個夢想。不過，接下來我又花了幾年的時間才敢實際展開行動。

我既沒有藝術領域的經歷，在美國的藝術圈也沒有認識的人，如果要開始做什麼事會很困難又辛苦。我以此為藉口，始終害怕失敗、不展開行動，只是把夢想掛在嘴邊。

最後是老公在背後推了我一把。他告訴我，無論多小的事都沒關係，總之要先踏出第一步，這點很重要，並且時常鼓勵我。老公提供的最大支援，就是對我說「重子一定做得到」，打從心底相信對自己沒信心的我。從來不曾有人像這樣肯定自己的存在，老公這句話給了我勇氣。有人用全副的信賴與愛來支援自己——沒有比這更安全的環境了。就是因為有這樣的環境，我才能鼓起勇氣。另外，周遭女性那種不猶豫不決、先採取行動的「總之先做做看吧！」的態度，也帶給我很大的刺激。

不消說，當時就讀小學的女兒也聲援我。最重要的是，我也希望女兒能過著毫不猶豫地踏出第一步，任何事都敢挑戰的人生。既然如此，身為榜樣的母親當然不能不身體力行。

因此我決定鼓起勇氣，踏出小小的第一步。

某天，我造訪某間美術館，對工作人員這麼說：「不管要做什麼都行，請讓我在這裡當志工。」

結果，對方把我帶去角落的小房間，叫我清掃灰塵。

在倫敦的研究所取得現代美術史碩士學位的我，居然被派去打掃角落的房間，而且還是做志工……如果是還沒生孩子時的我，或許會在心中吶喊：「我才不幹呢！」但是，當時的我內心滿是自豪，很想為自己鼓掌。因為我做了當時的自己所能做的、最大的一件事。

後來，腳踏實地的努力獲得館方的肯定，他們開始把其他的工作交給我做。我不只在那裡學到開設藝術館所需的知識，還勤快地出席派對之類的活動建立人脈。最後，我這個沒有人脈與資金的日本人，終於開了一間亞洲當代藝術館，而且還在2年後掀起風潮。

各位不妨把做志工的期間，當作用來磨練技能、累積經驗、建立人脈的時間。這段期間既能磨練喜好之事的技能，又能幫助他人，我認為這是尋找生存意義、累積經歷的最佳方法。非常建議大家嘗試透過做志工的方式，投入感興趣的領域。

也許是基於宗教觀念吧，在美國從事志工活動的人非常多。尤其學校與醫院之類的地方，若是少了這些志工，工作可能就會停擺。在日本若說到志工，或許會給人「社會意識相當高的人才會做的事」、「有點嚴肅」之類的印象。

不過，日本似乎也在慢慢改變了。聽說最近日本正逐漸形成這樣的潮流：正在請育兒假的母親，以志工的身分重新工作一段時間。

目前就有人力銀行提供這樣的服務，為了育兒而暫時離開職場的母親，可以登記成為一段期間的志工，在自己感興趣的領域工作看看。這樣不只可以增加經歷及磨練自己，還可以建立人脈。由於這段期間還有家事代勞服務、兒童托育設施、保母等服務可以體驗，也有媽媽把這段期間當作正式就職前的試作期，1天只做2個小時的短時工作。

先從喜歡的事做做看！

根據聯合國於2015年發表的「促進人類發展的工作」之定義，若從人類發展的觀點來看，工作可分為四大類：**①有給薪的工作、②無給薪的工作、③讓社會更美好的志願工作、④創作或嗜好等可培養自己的工作**。以前的我認為工作就是一項賺錢的作業。因此只在家裡做家事及育兒，也就是只做②的我，才會說出「我沒做什麼工作，只是在家照顧小孩而已」這種話。反觀美國的母親們，這種時候會用②以外的①③④來表現自己。照顧小孩的自己並非全部的自己，自己有名為「自己」的人生，而育兒只是其中一部分罷了。如此一想，是不是覺得只做②卻不做其他的工作，是很可惜的事呢？也有媽媽活力十足地挑戰各種事物，直到找出想做的事為止喔！

另外，如果找到了想做的事，也可以不要只顧著做家事或育兒，多做一些其他的事（例如小型志工活動）來拓展人生。這段過程中或許會出現意外的交流，繼而擴展自己的人生。結束育兒任務時，這些經驗能發揮很大的效力。

不要只滿足於「媽媽」或「妻子」這種身分認同，應正視自己的夢想與個人的身分認同，並且確保實現這些目標的「工作時間」。這是讓自己幸福的關鍵。所以說，就算晚餐不是吃在隔壁鎮的早市購買的新鮮蔬菜，而是用在附近超市購買的有機冷凍蔬菜炒出來的料理，也完全ＯＫ不是嗎？

即使成為了父母，父母也不可以捨棄自己的人生。這是因為，如果無法用其他事物證明自己的存在，有些父母會以孩子的成功來計算自己的成功。例如把孩子就讀好學校或孩子的成功，視為自己的成功。這麼做會使父母更愛比較自己與他人、比較自家的孩子與別家的孩子，之後或許就會愈來愈愛把自己的期望或想法強加在孩子身上。另外，讓孩子明白「父母也有父母的人生」，反而能讓孩子自由選擇自己的人生。而且，一想到對方也有對方的人生，也會萌生出尊重對方的心。

遭人批評時，展現「So what?」精神

之前在日本演講時，有位女性問了我這樣的問題。

「我一直很想去做自己想做的事，但總是在意周遭的目光，擔心自己會被人批評。請問我該怎麼辦才好呢？」

當時許多聽眾都對這個問題心有戚戚焉，其實，以前的我也是如此。所以，這個問題我也非常能夠感同身受。

如同前述，生了女兒當了2年的專職主婦後，我一邊做志工一邊進行開設藝術館的準備，但這段期間我其實對自己完全沒有信心。

畢竟那個時代，亞洲當代藝術市場根本還沒成形，我總是很在意周遭的目光，擔心別人會嘲笑自己品味不佳。總之我很怕遭到否定與批評。

某天我偶然跟一位藝術家聊到這件事，結果他笑著說：

「So what?（那又怎樣？）」

接著又道：「人都是想說什麼就講什麼啦。不過，那些話不見得對妳有幫助，妳也不會因此少一塊肉吧？」

他表示，藝術家無時無刻都在製作作品，而作品總會被人品頭論足。如果每次都為評價時喜時憂，身心會撐不下去的。這種時候他就會想：「那又怎樣？」在意他人的評價而無法過自己的人生，實在是很可惜的事。聽了他的話後，我終於能甩開迷惘，朝著自己的目的勇往直前。

我在演講會上分享這段往事後，那名提問的女性便眼泛淚光，說起自己的故事。原來，她以販售自己製作的飾品為副業，但她很怕自己的設計遭到批評。

「不過，自己的確不會因此少一塊肉吧。無論別人說了什麼，『那又怎樣』呢！」那名女性面帶笑容說，她覺得今後自己能夠努力下去了。雖然我們無法改變他人的心情，但我們能夠控制自己對他人意見的反應。因此，我們應發揮自制力「不放在心上」，展現「So what？」精神，過好自己的人生。

熱情不能當飯吃？

如果缺少熱情，這段漫長的人生很難過得幸福。邁入人生百年時代後，我越發這麼認為。不過，應該也有人覺得「熱情不能當飯吃，應該選擇更可靠踏實的工作」。我也收到許多夾在熱情與現實之間、煩惱不已的父母所提出的問題。

其實我們家很早就面臨到這個問題，因為女兒原先的目標是成為芭蕾舞者。其實，要單靠芭蕾舞者這個職業養活自己是非常困難的。但是，我們家從來不對女兒說「熱情不能當飯吃，妳放棄吧」，而是要她思考「該怎麼做才能繼續跳芭蕾舞」。怎麼做才能靠喜歡的事物養活自己呢？只要有足以支持熱情的副業就能達成這個目標，但是沒受過教育的話，副業的選擇就很有限。

若想長久地跳著喜歡的芭蕾舞，反而應該乖乖去念高中與大學，讓自己未來不至於陷入經濟窮困的窘境。

女兒今年就要升上大學二年級了，但她已經決定從芭蕾舞這個領域畢業，並且正式專心學習高三那時就想接觸的政治與財經領域。女兒之所以能夠轉換熱情，我認為要歸功於教育這根支柱。所謂的教育並非強行灌輸知識，而是「培養認識自己與思考的能力」。我認為學校教育與家庭教育，能夠培養與熱情共生、度過有生存價值的人生之能力。

我本身也在自己的熱情——藝術領域中勇往直前，但到了50歲左右，我覺得「發揚亞洲藝術之美」這項任務暫時告一段落了。當然熱情依舊是不變的熱情，只是我打算調整自己與藝術的關係，原先從事的是「發揚亞洲之美的事業」，今後想要投入的則是「傳遞藝術樂趣的社會貢獻活動」。藝術依然是我的熱情，只是在「為了什麼」這點上與之前有些不同。我希望自己接下來能夠將當代藝術的樂趣，傳遞給各式各樣的人。

本書的開頭也曾經提到過，我在考慮以更加不同的方式幫助他人時，想到的是支援他人的生活教練工作。我想協助他人規劃未來的人生與職涯，因為這是我的遠大熱情。只要具備技能，就能夠創造自己心目中的人生，而我想將這項技能分享給更多的人。當時已經取得生活教練證照的我，先把生活教練的工作當成副業，之後再逐漸將重心從藝術館的工作轉移到生活教練的工作上。這是因為，一個初出茅廬的教練，不論再怎麼有熱情也很難養活自己。很幸運的是，如今生活教練與寫作已成了我的主要工作。

再強調一次，熱情跟氧氣一樣，都是生存所不可或缺的東西。如果缺少熱情，應該很難在人生百年時代活得幸福吧。所以我才會認為，當孩子找到喜歡的事物時，如果予以否定「這個不能當飯吃」，也會妨礙孩子踏上有生存意義的人生。重要的是要擁有熱情，要過有生存價值的人生。

用不著去思考這項事物能不能當飯吃。請你回想一下，聯合國工作定義的第四個項目。讓自己的人生變得更幸福更充實，也是很重要的工作。不過，假如無法靠這項工作奠定經濟基礎，只要找份有給薪的工作來支持自己從事這項工作就行了。這種心態的改變，應該非常有助於父母支援孩子的熱情。反之如果父母無法改變心態，未來就有可能在某些情況下逼迫孩子「就讀好大學、進入好公司」吧。

當孩子快要氣餒時，幫助他想起「為了什麼」

如果孩子在中途遇到快要氣餒的情況，父母要幫助孩子想起自己是「為了什麼」而做這件事的，並且支持孩子，這點很重要。

自己是「為了什麼」而做這件事的呢？是「為了什麼」而度過人生的呢？

「人生只有一次。不過，如果能夠活得盡情盡興，一次就足夠了。」

這句話出自某位女星，我覺得她說的真是沒錯。孩子若擁有「身為社會的一員，自己能夠做什麼」這個遠大的願景，以及作夢與實現夢想的能力，便能踏上有生存價值的人生，並在這段過程中將世界變得更加美好。

即使身處在用分數評量一個人、人與人互相比較的社會，時時思考「為了什麼」並提升「非認知能力」，依然具有重大的意義。更正確地說，正因為身處在分數主義社會，所以更需要提升非認知能力。

原因在於，如果具備很強的「非認知能力」，就能克服分數主義之類的障礙堅強地活下去。因為父母與孩子都知道，分數不過是人生的一小部分罷了，人生當中還有比分數更重要的事物。前陣子有個孩子，在留下「要是自己再用功一點就好了」這句話後結束了自己的生命。一想到這個孩子的痛苦，我就心如刀割。若要拯救孩子擺脫這種痛苦，提高非認知能力同樣是一件非常要緊的事。只要提高「非認知能力」，孩子就能克服考試的壓力，即使求職活動不順遂也能找出屬於自己的答案吧。最重要的是，孩子有能力自行開拓屬於自己的人生。

爭取屬於自己的幸福人生

在漫長的人生道路上，有時會面臨巨大的阻礙而不知所措，有時也會面臨失敗或失望。活著是很辛苦的事，更別說是要活得幸福了。如果只是聽天由命，誰也不知道人生究竟會是什麼樣子。幸福的人生必須靠自己奮鬥、爭取才行。而爭取幸福人生的最大武器就是「非認知能力」。培養「非認知能力」的入口則是「喜歡」。因為喜歡才會主動去做；因為喜歡所以不會放棄；因為喜歡才會想出更好的方法；因為喜歡才會持續下去；因為做著喜歡的事，自我肯定感、自尊心與自信才會增加；因為懂得重視自己，才能對他人發揮共感力與協作力。因為自己是這樣的人，才會出現願意聲援自己的人。

就算孩子一直找不到熱情，也請父母絕對不要放棄。不要著急。請相信孩子，不要放棄，繼續讓他體驗各式各樣的事物。一定要安排時間，讓孩子與各式各樣的人相處。久而久之，孩子一定會找到自己的熱情，獲得屬於自己的幸福人生吧。因為能夠支持孩子一輩子的，就是「非認知能力」。

第6章重點

- 尋找並支持孩子的熱情是父母的工作。
- 仔細觀察自家孩子對什麼事物感興趣、什麼時候會努力等等，這點很重要。
- 讓孩子挑戰與接觸各式各樣的事物。
- 不要忽略孩子的心流（熱中）狀態。
- 在找到熱情之前都要持續尋找下去。
- 學習才藝，要先制定開始與結束的規則。
- 經常詢問孩子：「你是為了什麼而做的呢？」
- 父母也不可缺少熱情，先抱著輕鬆的心情從喜歡的事物做起吧！

結語

第19個夏天

說到我與女兒相處的時間，我最先想到的就是暑假。美國的暑假長達3個月，孩子們都會趁這段期間，體驗平常沒空做的事與之前很想做做看的事。由於藝術領域的客戶也都休假去了，夏季幾乎沒什麼工作的我便享受這段「專職媽媽時間」，當中最令我難忘的是女兒10歲那年的夏天。

那一年，女兒拿到獎學金，決定參加美國芭蕾舞劇團的夏令營，要在紐約度過2個星期的時光。但是這個劇團並沒有提供宿舍，所以我決定陪女兒住在紐約的飯店。當時女兒替不熟悉紐約的我查詢前往劇團的路線，早上我們一起搭乘地下鐵前往目的地，而回程雖然迷了路，最後還是一起走回飯店。為了節省經費，我們也一起思考能用飯店的微波爐做什麼晚餐。第一天上課時要分班，女兒因為沒能分到程度最好的班級而有點喪氣，但吃了冰淇淋之後立刻恢復了元氣……那年夏天充滿了各種難忘的時刻。

而且，那年夏天女兒率先幫我做了各式各樣的事，就好像我們的身分對調過來似的。不過，或許從一開始就真是如此。我以為自己在「養育孩子」，但其實是女兒在培養我也說不定。

剛出生的女兒一看到我的臉就笑，光是這樣就讓我的心中充滿幸福。我也曾跟老公一起看著女兒發現自己的腳趾，覺得很有趣而放進嘴裡的模樣，笑著說：「啊——她的行動真的跟書上寫的一樣！」看到女兒磨破膝蓋快要哭出來，我趕緊安慰她：「沒事啦，Good job!」當女兒因為網球打輸而一臉失望時，我牢牢抱緊她……這些充滿愛的每一天既是我的活力來源，也是幸福的來源。每日的小幸福使我的心靈變得樂觀積極，帶給我勇氣踏上自己的人生。

許多事若是只為了自己而做，就不可能辦到。做自己的工作時，我也常常覺得「算了，反正沒救了」、「我已經累了」而差點放棄。但是，每一次我都能振作起來，因為女兒是看著我的背影長大的。如果我放棄了、如果我不相信自己、如果我停止前進，那麼我究竟能傳授什麼給這個孩子呢？

於是，我才會去培養自己尚在發展的「非認知能力」。所以說，真的是女兒在培養我的也說不定。孩子能夠無條件地愛自己的父母，這份愛具有非常強大的力量。至於父母則是不斷地被這種無償的愛所療癒、激勵吧。我認為這也是屬於「育兒」的妙趣。

今年夏季，是我跟絲凱一起度過的第19個夏天。女兒為了將去年贏得的「全美最優秀女高中生」頭銜移交給今年度的冠軍，再次前往位在阿拉巴馬的會場。我跟老公一起去看她，結果在容納了3000人的會場裡，見到了承受著要帶領來自各州的50名代表讓表演成功的壓力，同時又捨不得將頭銜移交給新冠軍的女兒。我則在一旁守著內心矛盾糾結的她。儘管這是很痛苦的任務，卻也是育兒過程中無法避免的事。

結束這場大活動之後，我和女兒為了實現親子同臺演講的夢想而一起飛到日本。停留在日本的期間，女兒趁著沒有演講活動的時候，自行找了一份財經方面（女兒目前的熱情）的實習工作來做。事後女兒表示「日語好難！」，向我傾吐在職場感到的辛苦與困難，並且主動決定到日語學校上課。上學第一天，女兒在評估日語程度的測驗中創下驚人的成績——滿分100分只拿到22分!?不過，女兒卻笑著說：「考得還不錯。」

接下來才是人生真正的開始。她要走的道路上，應該有各式各樣的事物在等著她吧。不過我相信，她一定能運用最大的武器「非認知能力」，贏得屬於自己的幸福人生。一如我跌跌撞撞地培養「非認知能力」與自己，今後女兒也要自己培養自己吧。我想要永遠守護著踏上自己的人生之路的女兒——我抱著這樣的想法，度過了「育兒」過程中的第19個夏天。

真的很感謝各位讀者願意看到最後。如果我與女兒的成長紀錄能為各位提供一點幫助，對我而言是一件無比榮幸的事。

本書能夠問世，都要歸功於小學館下山明子小姐的企劃。我想說的除了感謝，還是感謝。自從收到「一起加油吧！」這封電子郵件後，下山小姐真的教了我許多重要的事。無論何時她都會體察我的心情並且引導我，實在很感謝這段緣分。除此之外，我還要感謝協助撰文架構的真田晴美小姐，以及我的經紀人——Appleseed公司的宮原陽介先生、中村優子小姐、公關負責人鎌田嘉惠小姐，謝謝他們展現出絕佳的團隊合作。

最後，我要向總是守護著我的老公提姆與女兒絲凱獻上我的愛。

2018年9月　寫於華盛頓特區

博克重子

参考資料

《幼児教育の経済学》James J. Heckman著，古草秀子譯／東洋経済新報社（２０１５）
《タイガー・マザー》蔡美兒著，齋藤孝譯／朝日出版社（２０１１）
《パパは脳研究者　子どもを育てる脳科学》池谷裕二著／クレヨンハウス（２０１７）
《３０００万語の格差　赤ちゃんの脳をつくる、親と保育者の話しかけ》Dana L. Suskind著，掛札逸美譯／明石書店（２０１８）
《AI vs. 教科書が読めない子どもたち》新井紀子著／東洋経済新報社（２０１８）
《マインドセット「やればできる！」の研究》Carol S. Dweck著，今西康子譯／草思社（２０１６）
《Quiet　内向型人間の時代》Susan Cain著，古草秀子譯／講談社（２０１３）
《反共感論—社会はいかに判断を誤るか》Paul Bloom著，高橋洋譯／白揚社（２０１８）
《迷惑な進化　病気の遺伝子はどこから来たのか》Sharon Moalem著，矢野真千子譯／ＮＨＫ出版（２００７）
《世界でひとつだけの幸せ—ポジティブ心理学が教えてくれる満ち足りた人生》Martin E.P. Seligman著，小林裕子譯／アスペクト（２００４）

【作者介紹】

博克重子

ICF認證生活教練、藝術顧問。出生於日本福島縣，現定居於美國華盛頓。在迎接30歲生日之前遠赴英國，就讀位於倫敦的蘇富比藝術學院。取得現代美術史碩士學位後，到南法的語言學校學習法語，結識了美籍丈夫。1998年移居美國，誕下女兒。
在育兒的同時也累積自身的經歷，2004年終於如願開設了亞洲當代藝術館，2006年獲選為「華盛頓最美的25人」之一，與美國前總統奧巴馬（當時為參議院議員）一起登上《華盛頓人》雜誌。
另外，獨生女絲凱在2017年的「全美最優秀女高中生」選拔賽中奪冠，登上多家媒體版面。
目前在全美與日本各地，舉辦有關育兒、職涯規劃、工作與生活平衡的演講與講座。著作有《最高的教養》（悅知文化）。

作者個人網站　shigekobork.com
作者經紀公司　The Appleseed Agency Ltd.　http://www.appleseed.co.jp/

日文版工作人員
撰文協助　真田晴美

讓孩子不只贏在起跑點的
「非認知能力」素養教育法

2020年2月15日初版第一刷發行

作　　者　博克重子
譯　　者　王美娟
主　　編　陳其衍
發 行 人　南部裕
發 行 所　台灣東販股份有限公司
　　　　　＜網址＞www.tohan.com.tw
法律顧問　蕭雄淋律師
香港發行　萬里機構出版有限公司
　　　　　＜地址＞香港北角英皇道499號北角工業大廈20樓
　　　　　＜電話＞（852）2564-7511
　　　　　＜傳真＞（852）2565-5539
　　　　　＜電郵＞info@wanlibk.com
　　　　　＜網址＞http://www.wanlibk.com
　　　　　　　　　http://www.facebook.com/wanlibk
香港經銷　香港聯合書刊物流有限公司
　　　　　＜地址＞香港新界大埔汀麗路36號
　　　　　　　　　中華商務印刷大廈3字樓
　　　　　＜電話＞（852）2150-2100
　　　　　＜傳真＞（852）2407-3062
　　　　　＜電郵＞info@suplogistics.com.hk